河北省农林科学院农业信息与经济研究所农业大数据系列论著

浅山丘陵农业园区管理系统开发与实践

侯 亮 王新栋 张东辉 蔡海燕 等 著

中国农业科学技术出版社

图书在版编目（CIP）数据

浅山丘陵农业园区管理系统开发与实践 / 侯亮等著. --北京：中国农业科学技术出版社，2022.7
ISBN 978-7-5116-5789-3

Ⅰ.①浅… Ⅱ.①侯… Ⅲ.①农业园区－管理信息系统－系统开发－研究 Ⅳ.①F304.5-39

中国版本图书馆CIP数据核字（2022）第100846号

责任编辑	倪小勋　穆玉红
责任校对	马广洋
责任印制	姜义伟　王思文

出 版 者	中国农业科学技术出版社
	北京市中关村南大街12号　邮编：100081
电　　话	（010）82109707（编辑室）　（010）82109702（发行部）
	（010）82109709（读者服务部）
网　　址	http：// www.castp.cn
经 销 者	各地新华书店
印 刷 者	北京建宏印刷有限公司
开　　本	170 mm×240 mm　1/16
印　　张	6.75
字　　数	105 千字
版　　次	2022年7月第1版　2022年7月第1次印刷
定　　价	60.00元

版权所有·侵权必究

《浅山丘陵农业园区管理系统开发与实践》

著作人员

主　　著：侯　亮　王新栋　张东辉　蔡海燕
副主著：尚　丹　齐　浩
著作人员：王　莹　贾丽霞　许皓月　谢华峰
　　　　　蔡　宁　张利娜　吴云凤

农业园区是现代农业发展的重要形式，以技术密集为主要特点，发挥了传统农业向现代农业转变的典型示范作用，是农业现代化的必由之路。位于浅山丘陵区的农业园区生产单元面积小、作物种类繁多、地貌类型复杂，对园区的资源管理提出了更高的要求。结合遥感（RS）、地理信息系统（GIS）、全球导航卫星系统（GNSS）的"3S"技术具有数据获取精度高、实时性强、范围广的特点，能够为浅山丘陵农业园区的资源利用提供新的技术支撑。

浅山丘陵区土地资源开发利用面临着一系列的问题，突出表现在以下方面。

（1）数据精度低且标准不统一。相比平原地区，浅山丘陵区地形复杂，地物类型众多，土地开发方式多样，不同的坡度、坡向和海拔高度的地块对应不同的开发方式、作物布局和灌溉类型，传统人工测绘方式难度高、误差大，导致数据采集效率低、精确度低，难以对浅山丘陵区的资源进行高效、精确的统筹规划；地面农艺数据的统计口径不统一，农艺上下游环节难以通畅衔接，直接影响了园区农事的统筹作业。

（2）面向浅山丘陵区的管理系统开发滞后。传统的技术手段伴有局限性和片面性，决策者分析现实问题时对数据量、数据尺度和数据精度掌握不足，急需具有较强针对性的管理系统；而浅山丘陵区的管理系统开发较为滞后，大多系统实现了数据查询与存储功能，但与空间地理信息的结合度较差，制约了对农业园区的直观、高效管理，难以从全局角度制订准确的方案，造成决策失误、资源浪费。

运用"3S"技术，可以提高浅山丘陵农业园区的土地资源调查精度，准确匹配各类资源的空间信息与属性信息。RS技术可以实时、大范围获取地面数据，GIS技术提供了空间数据分析平台，GNSS技术则实现精确导航与定位。本研究以"3S"技术为支撑，对河北省葫芦峪农业园区的资源总量和分布状况进行研究，结合土地适宜性因素，开发了基于"3S"的浅山丘陵农业园区管理系统，实现地图浏览、图层管理、目标定位、属性查询、空间计算、系统管理等功能，为浅山丘陵农业园区的资源管理、作物布局、适宜性评价等提供了高效的信息化平台。

1	研究区域及背景 ……………………………………	1
	1.1 研究区域简介 …………………………………	3
	1.2 研究背景 ………………………………………	4
2	"3S"技术介绍 ……………………………………	5
	2.1 RS技术 …………………………………………	7
	2.2 GIS技术 …………………………………………	8
	2.3 GNSS技术 ………………………………………	10
3	数据预处理 …………………………………………	11
	3.1 地面数据准备 …………………………………	13
	3.2 遥感影像解译 …………………………………	13
	3.3 空间插值 ………………………………………	25
	3.4 其他"3S"数据准备 …………………………	27

4 系统设计 ······ 31
4.1 需求分析 ······ 33
4.2 系统架构、技术架构、运行环境及开发环境 ······ 36
4.3 系统功能设计 ······ 43
4.4 系统性能 ······ 45

5 数据库设计 ······ 47
5.1 数据入库前处理 ······ 49
5.2 数据库建立 ······ 49

6 系统实现 ······ 57
6.1 系统界面设计 ······ 59
6.2 主要功能模块实现 ······ 60

7 系统应用 ······ 71
7.1 园区年水面蒸发量计算 ······ 73
7.2 作物需水量分析 ······ 73
7.3 园区未来可利用土地面积分析 ······ 76
7.4 农业基础建设 ······ 77

8 结论与展望 ······ 79

参考文献 ······ 83

附录 关于发展现代农业园区，加强农业信息化建设的文件 ······ 85

研究区域及背景

1 研究区域及背景

1.1 研究区域简介

平山县地处河北省西部，太行山中段东麓，滹沱河上游，地理坐标为北纬38°10′~38°45′，东经113°30′~114°15′；地貌大多属山地类型，有亚高山、中山、低山、丘陵、平原5个亚类，并兼有台地、冈坡、谷地、凹地等多种地貌类型，浅山丘陵占较大比例。耕地面积30 133.3 hm^2，占全县总面积的11.38%[1]，依据灌溉类型，耕地主要分为水地、旱地，有效灌溉面积2.53万 hm^2。

平山县的地表水资源主要来自河流、水库、塘坝等，境内河流属子牙河水系，地下水储量较少。年降水量530~690 mm，主要集中在夏季，其中7月和8月降水量最多，占全年降水量的65%~70%；1月和12月降水量最少，仅占全年降水量的2%~3%。降水量地区分布不均匀，山体的迎风坡降水量相对充沛，河谷、丘陵地带降水量相对匮乏。

平山县属暖温带半湿润季风大陆性气候，四季分明，光照充足。年平均气温12.7 ℃，1月平均气温-3 ℃，7月平均气温26 ℃，气温年较差29 ℃。

土壤类型多样，共有4个土类、11个亚类、37个土属、87个土种。其中褐土面积最大，主要分布在1 300 m以下的浅山丘陵区[2]，约占土壤总面积的88.8%。葫芦峪现代农业园区位于平山县的浅山丘陵区，面积20 km^2，海拔170~630 m，建有农田、果园、设施大棚等，主要作物有杂粮、核桃、苹果等。园区内具有水库、塘坝、蓄水池、输水渠等设施，共同构成了复合式的灌溉系统。

1.2　研究背景

　　"3S"技术的高速发展和大规模应用始于20世纪末。针对山地和丘陵地区，国外研究主要集中在地表植被覆盖、水土流失、农田节水、土地适宜性评价、灾害预警等方面，并开发了应用模型和数据库系统，但针对浅山丘陵区的农业园区管理的研究较为缺乏。

　　国内农业、国土等领域建立了一批数字化管理平台，结合"3S"技术，在土地利用生态指数、土地利用效益、农田养分评估、土壤流失等方面开展了研究与应用，但数据标准不一，空间数据管理功能较弱，数据库扩展、管理、维护困难，可视化效果较差。

　　综上所述，国内外面向浅山丘陵区的农业园区管理的研究较为缺乏，针对山区和丘陵地形的管理系统尚未大规模开发运用。

"3S"技术介绍

2 "3S"技术介绍

"3S"是遥感（RS）、地理信息系统（GIS）、全球导航卫星系统（GNSS）的统称。GIS是一套以地理空间为基础，采用地理模型分析方法的信息系统，具有强大的信息采集、空间分析和图形编辑功能，能够高效处理地球表面空间相关的数据；GNSS提供实时、精准的定位和导航服务。相比传统的信息管理系统，"3S"技术为山区和丘陵区资源的合理利用和管理提供了新的技术支撑。

2.1 RS技术

RS是一项运用各类传感器，在非接触条件下探测目标物体，收集其辐射或反射的电磁波，从而对目标物体进行监测和识别的技术。RS经历了无记录地面遥感、有记录地面遥感、空中摄影遥感等发展时期。RS系统由信息源、信息获取、信息处理、信息应用四部分构成。信息源指被探测的目标物体；信息获取是通过传感器探测目标物体，检测其电磁波特征的过程；信息处理指通过对遥感影像进行处理、分类，识别目标的类型；信息应用指对提取的目标信息进行分析，开展监测、识别等工作。

相比传统的接触式探测，RS技术具有探测范围广、时效性强、精确度高的优势。

（1）探测范围广。较地面信息采集，无人机及卫星遥感影像可以覆盖更大的地面范围，适用于面向大区域、大尺度的信息采集。

（2）时效性强。基于传感器载体较高的运行速度，RS技术可以快速、便捷地获得地物信息，对于农业、气象等领域有着重要意义。

（3）精确度高。RS系统通过传感器采集信息，采集过程和手段客观直接，干扰因素较少，数据精确度高。RS技术广泛应用于农业领域，主要包括监测作物面积，提取作物叶面积指数、水分含量、养分含量等信息；监控作物长势，进行作物估产、病虫害预测预警；监测土壤墒情及污染状况，为智慧农业提供数据和技术支撑。

随着遥感技术的发展，传感器分辨率得到大幅提高，遥感平台向多层面、长时间、动态观测发展，光谱探测能力提升，成像波段范围扩大，图像处理方式从光学处理向数字处理转变，数据可视化程度得到了提高。

2.2 GIS技术

GIS技术是多专业、多领域交叉的学科，是以地理空间为基础，采用地理模型分析方法，为地理研究和地理决策服务的计算机系统，具有数据获取、存储、分析、可视化等功能。GIS技术体系经历了GIS模块、集成式GIS、模块化GIS、核心式GIS、组件式GIS和WebGIS等阶段，得到了长足的发展和推广应用。随着现代科学的发展，GIS技术开拓了新的发展方向，如虚拟GIS、多媒体GIS、三维GIS、时态GIS、移动GIS等。GIS与虚拟现实（VR）技术结合，可以模拟各类地物，实现基于地理信息的虚拟现实的可视化；GIS与图形、图像、视频、音频等对象融合，能够增强GIS信息的表现能力，扩展GIS的应用领域；三维GIS支持三维空间数据库，空间信息的展示更为直观、逼真，多维空间分析功能更强大；时态GIS引入了时间元素，通过时间衔接、时间距离、时空拓扑关系等操作，以动态的方式来描述目标对象的时空变化过程，在农业、气象等领域应用前景广阔。GIS与无线通信技术结合，可以实现移动端的GIS应用，提供导航、定位功能，在智能农机装备领域意义重大（图1）。

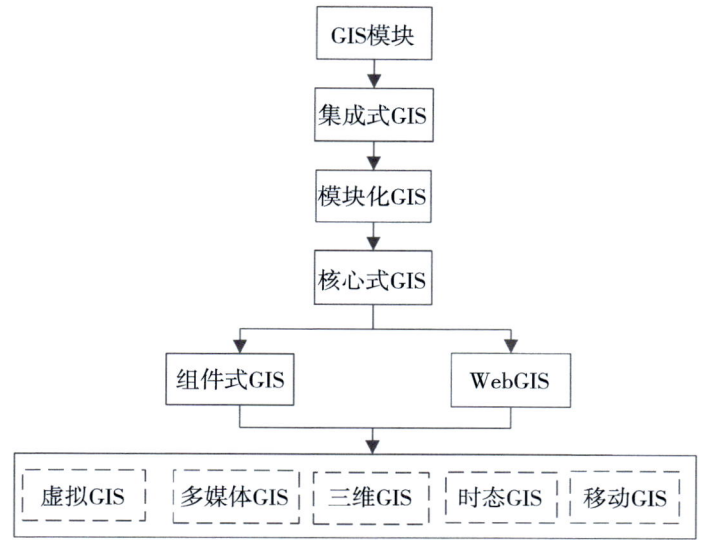

图1　GIS的发展历程

GIS的基本功能有数据采集与处理、空间分析、数据可视化。

（1）数据采集与处理。将基础数据进行标准化，统一地理坐标系统和投影坐标系统，对图层进行分类管理，编辑点、线、面等要素，构建各要素之间的拓扑关系。

（2）空间分析。通过分析各类地物的位置、大小、分布规律、拓扑关系等，得到地物的空间特征。

（3）数据可视化。将分析处理过的空间数据以图表、图形、视频动画等形式展示，形象、直观体现其空间特征。

2.3 GNSS技术

GNSS是一个全球性的位置与时间测定系统，能够在地球表面或近地空间的任何地点为用户提供全天候的三维坐标、移动速度和时间信息，其基本功能包括定位与导航、距离测量和授时。通过与电子地图的结合，GNSS为交通工具提供了实时的定位与导航服务；与GIS和RS技术整合，可以测量地球三维表面的任意两点间的距离；授时功能可以为全球绝大多数地点提供高精度的时间基准。

伴随着智能手机、5G技术和物联网技术的发展，GNSS的作用从单纯的定位和导航，扩展到更多的应用场景，如自动驾驶与控制、移动支付、物流跟踪等，在农业领域主要应用在智能农机、农产品全产业链管理等方面。

数据预处理

3.1 地面数据准备

通过文献查询、实地调查、专家调研等方法收集研究区域的气象、土壤、水资源、植被等数据，呈现形式主要包括文本、表格、图表等。

土壤数据主要来自《河北土壤》[3]《河北省第二次土壤普查数据集》[4]《河北省土壤图集》[5]《河北土种志》[6]；水资源数据来自《华北平原地下水可持续利用图集》[7]《华北平原水土地质环境图集》[8]《中国农业地理》[9]和当地相关资料；气象数据来自当地气象资料；植被覆盖和农业区划数据来自园区田间管理和规划记录。

3.2 遥感影像解译

通过对遥感影像中地物的解译，可以提取各类地物的空间信息。遥感影像解译方法主要包括目视解译和自动分类。目视解译依赖解译者的经验和推理能力，适用于影像分辨率较高、目标区域面积较小的工作场景，解译精度高，但效率较低；自动分类运用各种分类器，依据各类地物特征的纹理、色彩、形状和拓扑结构，由已知地物类型样本识别未知区域的地物类型，最后经过聚类、平滑等后期处理，得到点、线、面状的矢量数据。自动分类适用于大尺度、大范围的地物分类，解译精度偏低但效率较高。

3.2.1 影像预处理

葫芦峪园区的主要地物包括道路、河流、水渠、水库、塘坝、蓄水池、各类耕地、设施大棚、果园等，需要进行精细解译，故选择谷歌0.5 m×0.5 m，可见光遥感影像作为基础数据。

分块下载目标区域的遥感影像，根据目标区域的大小，对影像进行拼接或裁剪处理。若目标区域较小，只需一景影像中的局部就可以覆盖，则需要进行影像裁剪处理，去除区域外的影像；若目标区域较大，一景影像不能覆盖，则需要进行影像拼接。在拼接或裁剪时须保证影像的坐标系统一致。为保证专题图的可视化效果，本研究采用整体拼接、整体裁剪的方式（图2、图3）。

图2　部分影像拼接

图3 影像裁剪

选用ArcGIS软件进行影像配准。ArcGIS是世界上应用最广泛的GIS软件之一，是一个全面的、完善的GIS软件平台。将研究区域的遥感影像导入ArcGIS的ArcMap组件，创建金字塔模型，得到栅格影像，使其具有地理意义；在影像中添加均匀分布的7~8个控制点，记录其坐标，删除残差过大的点并重新添加；设定合适的显示比例，设置地理坐标系统为WGS84，投影坐标系统为UTM，对影像进行重新采样，完成配准（图4）。

图4 影像配准

3.2.2 目视解译

葫芦峪园区面积20 km², 园区内水库、塘坝、村镇等地物数量较少且面积较小, 道路、河流、水渠等线状地物的自动分类效果较差, 故对以上地物采用目视解译的方法。

（1）影像增强。为达到较强的可视化效果, 通过空间增强、辐射增强、光谱增强处理, 突出目标地物, 去除噪声, 使之达到人眼目视的最佳识别效果（图5）。

图5 影像增强

（2）园区边界矢量化。依据标志性地物确定园区边界，在ArcMap组件中新建一个面状Shp，设置与栅格影像相同的地理坐标和投影坐标，运用Sketch Properties命令进行矢量化。解译过程中灵活调整影像的显示比例，尽可能使地物特征达到肉眼的最佳识别度；因后续所有工作将在园区边界内进行，且边界拥有较多的相切的地物，所以在边界的矢量化过程中须选择较短的步长，力求达到较高的解译精度（图6）。

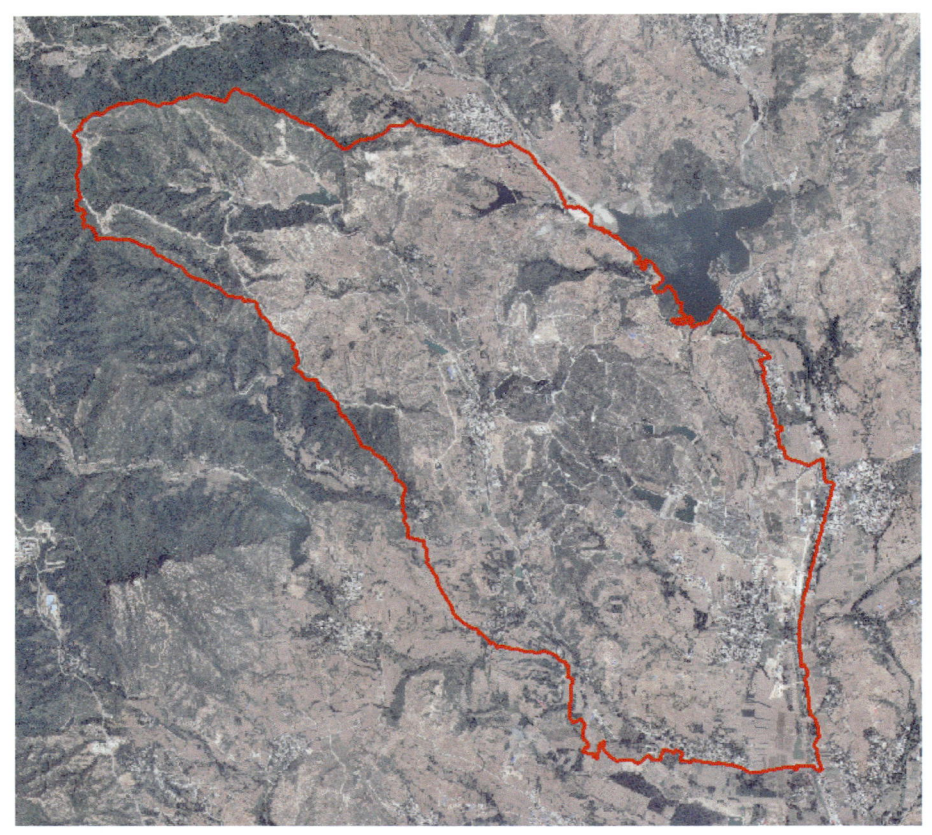

图6 园区边界矢量化

(3) 其他地物的矢量化。解译者根据目标地物的大小、形状、阴影、色彩、纹理等特征，结合自身经验，判断地物的类型。编辑村镇等多边形文件时，各边框的 Outline Color 及边框与背景之间的色彩须对比鲜明，边框线条简洁、宽度适当，以保证 Shp 文件的代表性、可视性。数字化过程中选择合适的步长和显示比例，兼顾制图精度和工作效率。

矢量化多边形的公共边界时运用 Clip 或 Trace 命令，通过 Clip 命令剪切修正公共边界多余的部分，Trace 命令则采用追踪现有地物边界的方式得到相切地物的边界，保证公共边界完全吻合。对于形状不规则或面积较大的地物，为保证一定显示比例下的可视性和区位感，可采用数个相切的同属性多边形分步进行数字化，确保公共边界密切吻合后，运用Merge命令合并，得到整体的地物矢量边界。处理有包含关系的地物或中空的地物时，运用Erase命令生成内边界。

编辑多个Shp文件的交界点时须适当放大比例尺，避免出现线条叠加或残余图斑。灵活调整各图层的遮罩次序，尽量减少各类地物的相互干扰。最后用对比鲜明的Outline Color编辑各矢量文件，得到各类地物对象的矢量图。

在解译过程中，即时将已识别的地物属性和特征标注到其Attribute Table中，便于分类管理和后期查证。对已识别出的地物进行样本采集，选取影像质量高且地物典型特征明显的区域，截取不同比例尺的数张影像图片作为后续工作的参考样本。

实地核查是解译过程中的必要环节。记录疑难地物的地理坐标，抵达实际坐标点进行现场核查，确定其属性，对矢量图中的错误进行纠错，得到最终的解译结果（图7）。

3.2.3 自动分类

因园区内各类土地如梯田、各类果园、林地、草地等面积较大，采用目视解译方法效率较低，故采用自动分类方法进行地物识别。

3.2.3.1 自动分类技术的类型

自动分类技术包括非监督分类、监督分类和专家知识决策树分类三种类型，适用于大尺度、大范围的地物分类。

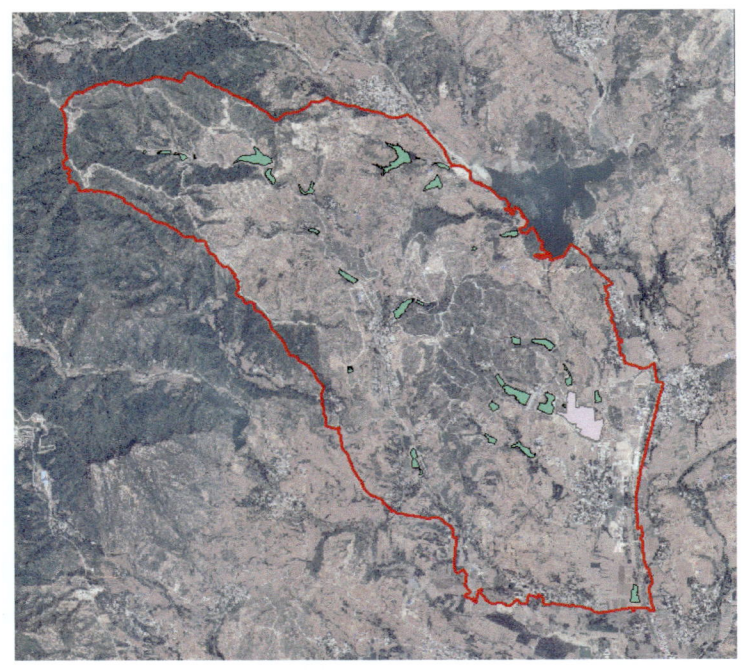

图7　目视解译的部分结果

非监督分类通过在遥感影像中搜寻、定义其自然相似光谱集群，对影像进行分类。首先调用遥感影像处理软件的非监督分类模块，确定初始分类数，执行非监督分类，得到分类结果。最后对比原图像，确定地物类别并加以标注，将相同的类别合并，得到最终结果。非监督分类适用于地物类型不明确的场景，不需要过多的经验介入，而是把分类工作交由软件完成，速度较高，但精确度较低。

监督分类适用于影像中的地物类型较明确，解译者有较多经验的场景，精确度较高。其原理是用已确认的样本像素点去识别其他未知类别的像素点[10]，确定单个具体像素是否有资格作为某一类的一部分[11]，将特征相同或相近的像素点归为一类地物。监督分类的一般过程为：定义影像波段的叠加次序，力求各类地物特征明晰易辨；根据影像中的目标地物特征，选取感兴趣区域作为训练样本，根据需求选择并运行分类算法，得到初步的分类结果。对分类结果进行聚类分析和过滤分析，消除面积过小的图斑；运用去除分析将小图斑合并至相邻的最大分类中，得到平滑的分类结果。

专家知识决策树分类通过专家经验总结、数学统计等方法，获得分类规则并进行地物分类。首先根据专家的经验定义分类规则，从决策树的根节点开始，选取某一属性对样本进行区分并构建决策树，选择某一确定地理坐标的文件作为输出分类的基准，执行决策树，输出分类结果。若分类结果没有达到精度要求，需修改决策树，重新执行分类过程，直到分类结果符合要求。专家知识决策树分类的规则易于理解，但容易出现过拟合现象且决策树的稳定性较低。

3.2.3.2 监督分类

基于对园区各类作物、配套设施、自然资源的前期调研，对园区内地物类型已具备较深的认知，分类目标已明确，本研究采用监督分类的方法。

选用ENVI软件作为监督分类工具。ENVI是遥感领域应用最广泛的影像处理软件之一，提供了影像校正、辐射定标、光谱分析、自动分类、二次开发等功能[12]。以园区内梯田为例，监督分类过程如下。

（1）将影像导入ENVI中，定义影像波段的叠加次序，力求各类地物特征明晰易辨；根据影像中的目标地物特征，定义感兴趣区域，作为训练样本（图8）。

图8　训练样本选择

（2）对样本进行训练，测试其可分离性。可见其可分离性报告中，各点的值均大于1.8（图9），表明测试通过，样本精度达标。将样本可分离度生成可视化的图形（图10），可见样本聚类程度良好。

```
Input File: 80影像新大_影像.tif
    ROI Name: (Jeffries-Matusita, Transformed Divergence)
Region #1 [Yellow] 1858 points:
    Region #2 [Red] 2516 points: (1.99999632 1.99999998)

Region #2 [Red] 2516 points:
    Region #1 [Yellow] 1858 points: (1.99999632 1.99999998)

Pair Separation (least to most):

Region #1 [Yellow] 1858 points and Region #2 [Red] 2516 points - 1.99999632
```

图9　样本精度测试结果

图10　样本精度可视化结果

（3）执行监督分类。ENVI提供了多种分类算法，其中支持向量机采用结构风险最小化规则，兼顾经验风险和置信范围，具有较好的推广能力且资源占用量较少，故采用支持向量机算法。执行算法，得到分类结果，运用极值分析进行后处理，去除面积过小的图斑；运用聚类分析，将零散图斑合并到邻近的分类中，得到平滑的分类结果。梯田监督分类结果如图11所示。

图11　梯田监督分类结果

（4）导出分类结果并导入ArcGIS，叠加边界矢量图，将分类结果与谷歌遥感影像底图对比，修正分类结果（图12）。

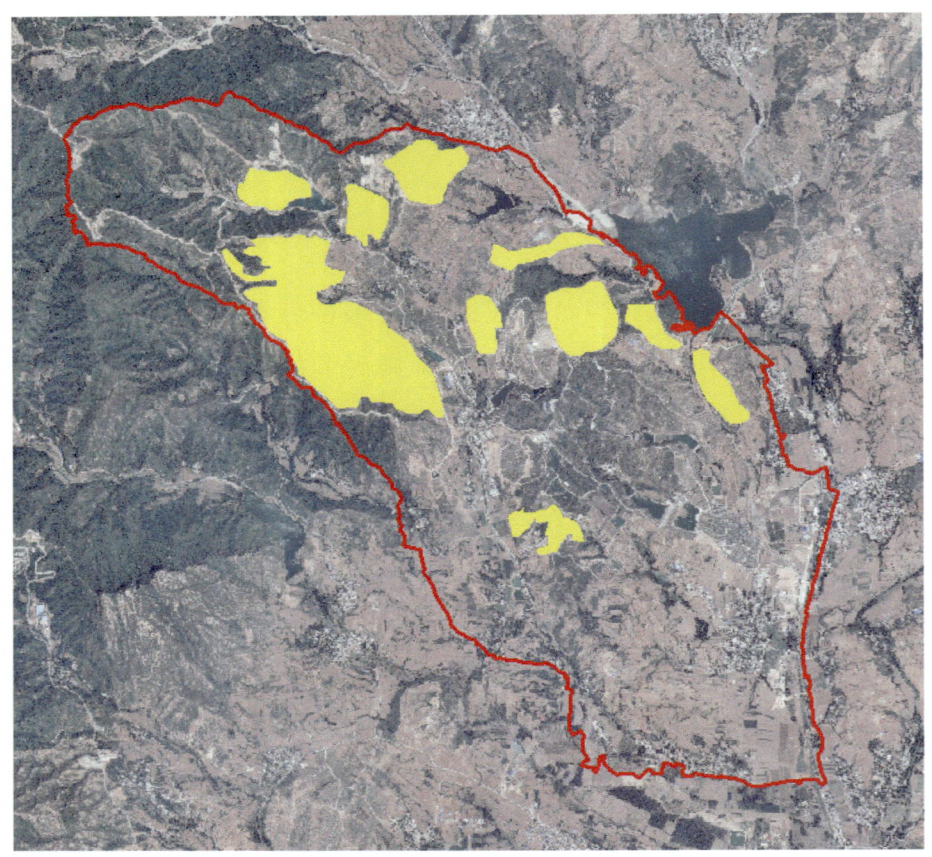

图12　梯田监督分类最终结果

对园区内的其他地物逐一进行监督分类。将分类结果导入ArcGIS的ArcMap模块，生成专题数据。鉴于不同的分类准则，部分不同地物存在重叠情况（如梯田中可存在多种果园），可灵活显示或关闭图层，调整图层次序和色彩，突出显示目标地物（图13）。

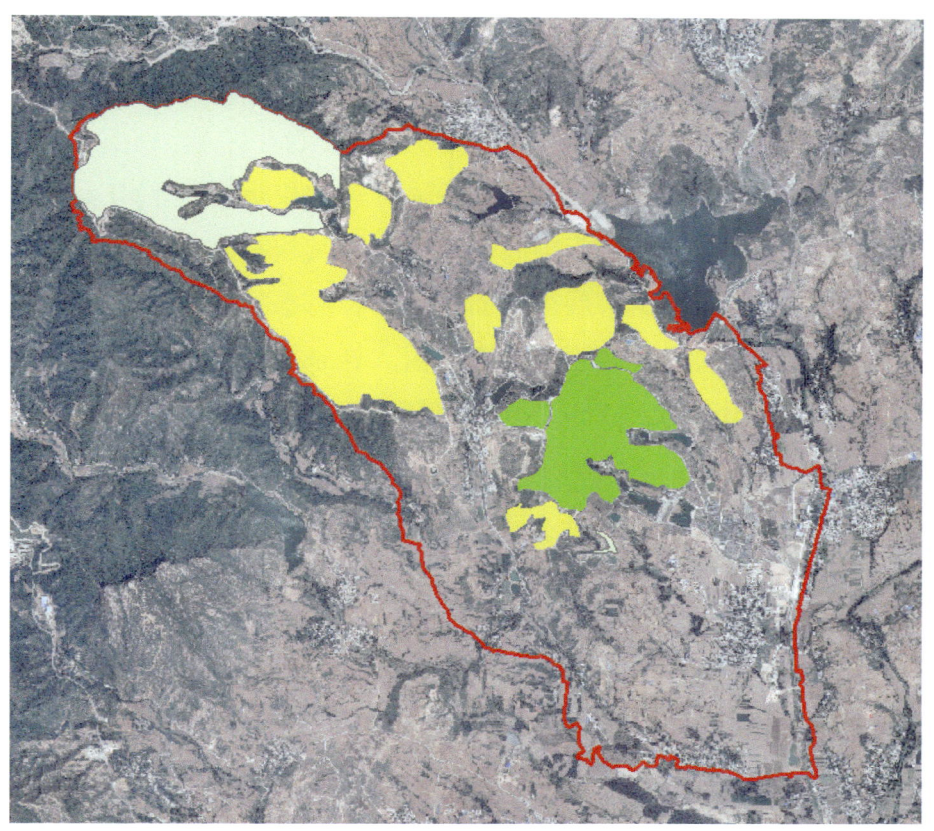

图13 多种地物监督分类的部分结果

3.3 空间插值

3.3.1 空间插值技术简介

本研究采用定点采样的方法获取土壤养分、降水量和气温样本。为连续表示以上3个要素的分布状况，采用空间插值方法将点数据扩展到面数据。空间插值是一种将离散的点状数据转换为连续曲面的方法，其原理是利用已知数据点推测未知点的数据，生成连续的曲面。

空间插值主要包括反距离权重插值法、样条插值法、克里金插值法等。

反距离权重插值法通过对邻近采样点的权重进行平均运算获得单元值,距离预测单元中心越近的点,其权重越大[13];通过插值运算,将点状数据扩展得到面状数据,可根据数据点的分布情况选择固定距离插值和可变距离插值。样条插值法通过使表面整体曲率减为最小的函数估算得到单元值,适用于连续变化的表面,如山体高程、河流水位高度等渐变曲面。克里金插值法通过为已知的样本点赋以权重,计算未知样本点的预测值,构建变异函数,对样本点进行结构分析,生成预测结果精度评价。克里金插值法适用于样本点数量较少、分布不均匀的场景。

鉴于园区内土壤类型较多,单类土壤的样本点数据较少,本研究采用克里金插值法。

3.3.2 土壤数据的克里金插值

克里金插值过程如下。

(1)将栅格影像导入ArcGIS的ArcMap模块,建立金字塔模型并设置地理坐标和投影坐标(图14),导入数据点的X、Y、Z坐标。以土壤有机质插值为例。

(2)调用普通克里金插值工具,设置插值范围;选择变异函数,使模型曲线与所有点达到最佳拟合,最后进行插值运算,创建连续表面;根据显示效果要求调整颜色和透明度,输出插值结果(图15)。

3 数据预处理

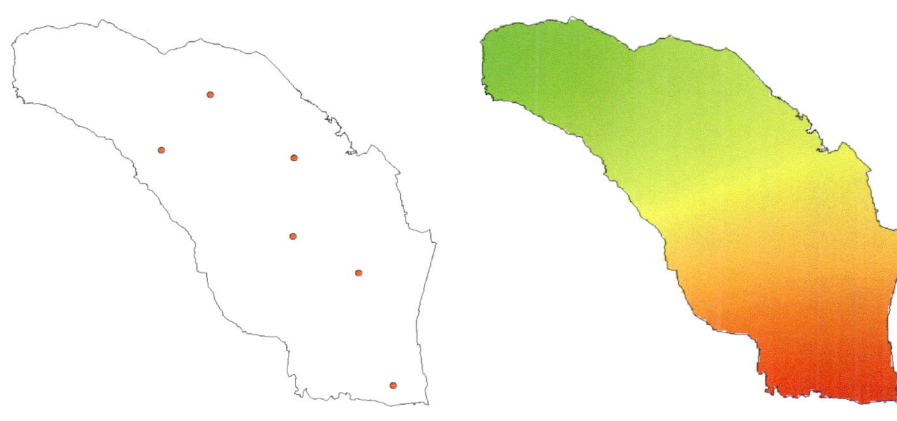

图14 土壤有机质采样点　　图15 土壤有机质插值结果

用同样的技术方法，运算得出降水量和气温的克里金插值结果（图16、图17）。

图16 某时段降水量插值结果　　图17 某时段气温插值结果

3.4 其他"3S"数据准备

不同的作物具有各自的生长特性，对光照、地形有着特定要求。基于园区内植被多样、农作物种类繁多、地形复杂的现状，需要对作物进行适应性布局。本研究针对园区内地形特征，生成山体阴影、坡度、坡向等数据，山体阴影和坡向可作为光照强度和时长的尺度，坡度则直接影响梯田的设计方案、灌溉设施的设计和布局。三者结合，可以为作物布局提供参考。

3.4.1 坡度和坡向分析

在ArcGIS的ArcMap模块中加载DEM高程影像，调用3D Analyst工具，使用栅格表面分析命令，设置输出单位为Degree，垂直比例因子为1，执行"坡度分析"命令，通过剖面曲率计算生成坡度分析结果；根据作物灌溉要求和山体地质构造，调整坡度分段值，达到最佳应用效果和显示效果。

执行"坡向分析"命令，调整坡向分段值，设置输入输出路径，通过平面曲率计算生成坡向分析结果（图18、图19）。

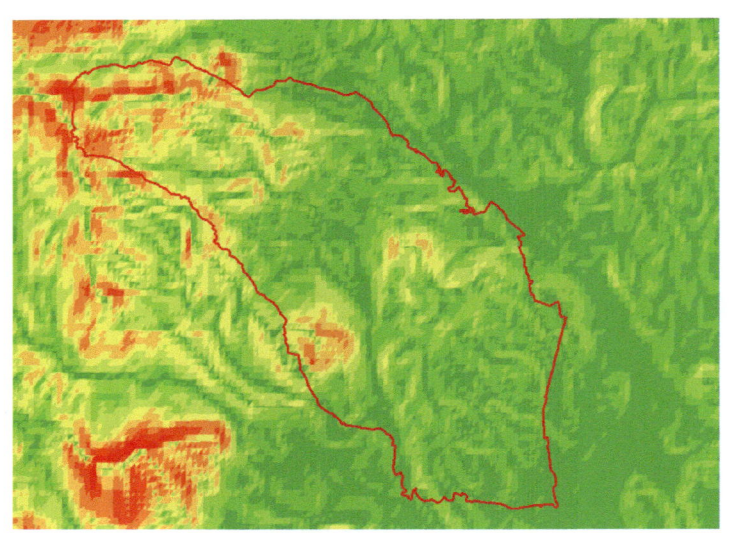

图18　坡度分析结果

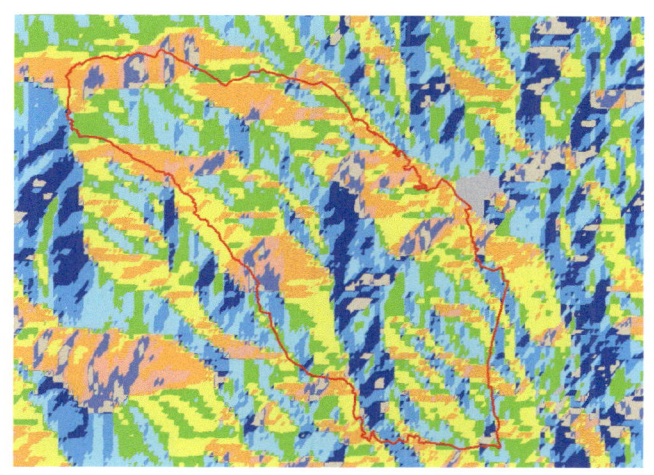

图19　坡向分析结果

3.4.2　山体阴影分析

将DEM高程影像导入ArcGIS的ArcMap模块并设置地理坐标和投影坐标,叠加边界文件(图20)。

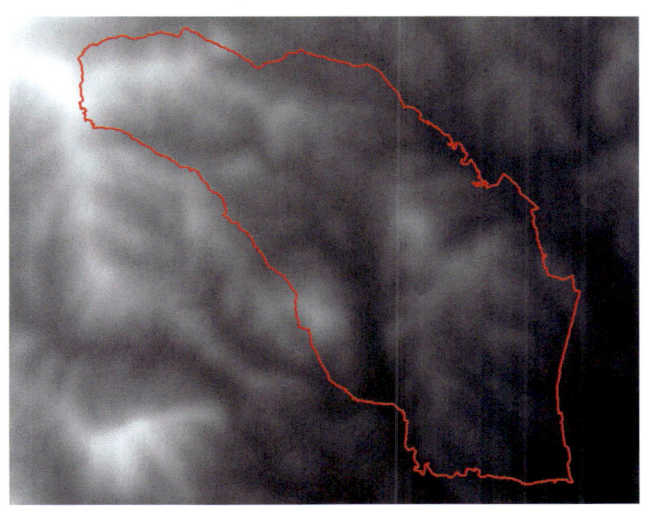

图20　园区高程影像

山体阴影分析的时间周期定义为园区内所有作物的累加生长期。调用3D Analyst工具，导入时间周期内的太阳高度角和方位角数据，设置垂直比例因子，其中太阳高度角决定阴影的面积，太阳方位角决定阴影方向，垂直比例因子控制山脊线的精细程度。设置输入输出路径，执行分析命令，生成山体阴影。

　　结合坡度数据、坡向数据、各类作物对光照的需求特性，可以为作物布局提供参考（图21）。

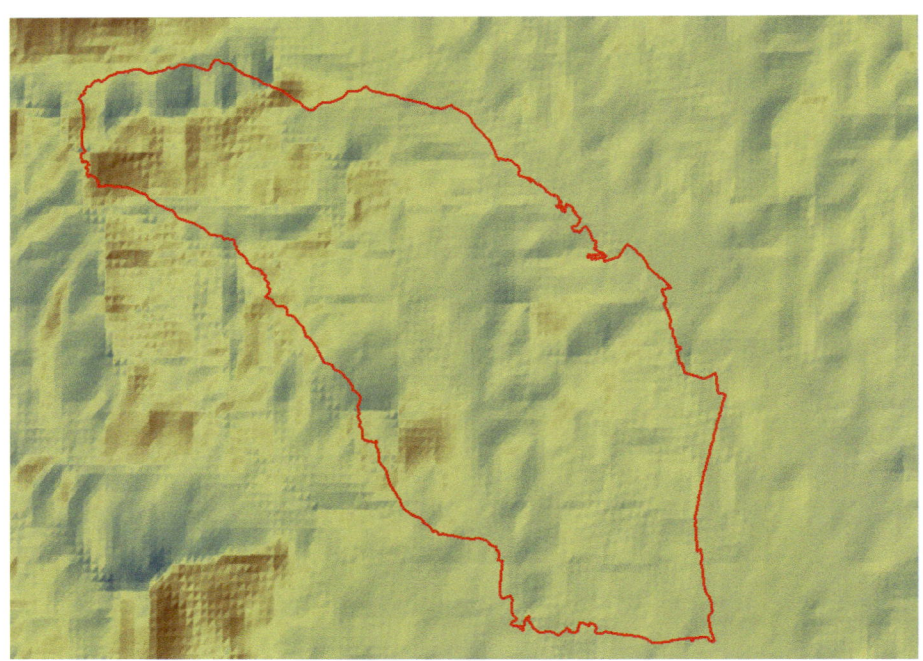

图21　某时刻山体阴影分析结果

系统设计

4 系统设计

浅山丘陵农业园区管理系统的开发遵循软件开发的一般流程，即需求分析、系统设计、数据库设计、编码和系统调试、系统试运行、正式运行。技术路线如图22所示。

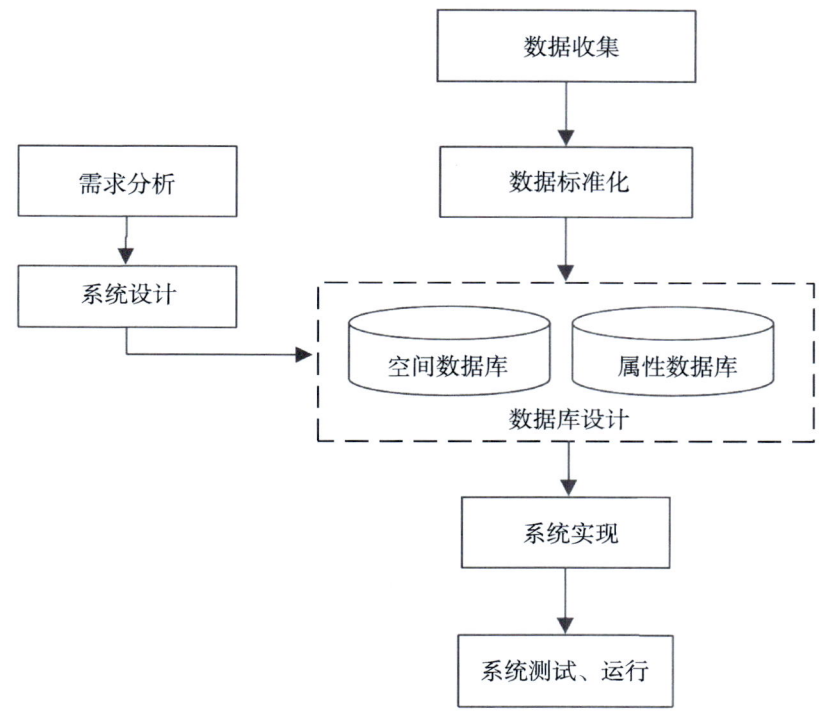

图22　技术路线

4.1　需求分析

系统的设计目标是开发一个面向管理人员和技术人员的浅山丘陵农业园区管理系统，为园区的管理、规划提供智能支持，实现园区发展规模、管理方式、作物布局的优化，推动经济效益、社会效益和生态效益最大化。

系统涉及气象、土壤、水资源、植被等属性数据，包含大量的土壤分区、坡度、坡向、海拔、耕地、果园、水体等空间数据，要求能够对浅山丘陵区的空间数据及属性数据进行高效的管理，实现地图浏览、图层管理、目标选择及属性查询、空间计算、系统管理等功能，为园区的管理和运行提供数据和技术支持。针对浅山丘陵农业园区的地物种类繁多、数据类型多样、数据结构复杂的特点，系统应满足以下几点需求。

4.1.1 数据库需求

系统涉及大量的空间数据和属性数据，需要有清晰的功能划分，故采用组件式架构。在组件式架构下，各模块业务明确，具备相对独立的功能；数据库设计过程中可以按组件为单元分步进行，提高开发效率；组件可以被不同的数据库业务重复使用，提高系统的稳定性、可扩展性，降低资源占用率。

由于涉及数据类型多，数据量大，数据间调用关系复杂，系统须拥有较高的数据运算和传输速度，需采用大中型数据库软件，提供完善的数据检索、存储、管理功能。

系统支持空间数据与属性数据的跨库、跨表查询，能够执行多条件、自定义的复杂指令。

4.1.2 功能需求

系统使用Web浏览器，提供简约的人机交户界面，便于用户查询特定位置的地物属性，直观、形象地展示查询和分析的结果。

（1）支持地图漫游、平移、缩放、全局显示、全屏显示等操作，用户可以自由选取目标地物，查询其属性信息。

（2）采用地图和遥感影像作为研究区域底图，并支持二者的叠加与切换，用户可以根据需求选择相应的底图。

（3）具有距离和面积测量等功能，可以准确测量任意地物之间的距离、地物长度、面状地物的周长和面积。

（4）支持地图图层的添加、删除、叠加，支持报表及图形输出。

（5）系统支持多种界面布局，用户可以根据显示需要灵活选择。

（6）具有完善的系统管理功能。系统管理员为各级角色赋予相应权限，支持对用户进行添加、删除、角色转换、权限变更等操作。具有不同角色或权限的用户在权限允许范围内访问系统资源。

（7）系统管理员负责后台数据库管理，对数据进行导入、添加、删除、修改、导出等操作，拥有系统日志管理的权限。

4.1.3 性能需求

系统满足 7 d×24 h 稳定运行的需求，系统的软件架构和硬件性能需经过高稳定性验证，降低平均维护时间，力求实现无中断服务，保证服务的高度可靠性和高度可维护性。

为满足操作的流畅性，系统应具有较高的响应效率，地图服务、数据访问的平均响应时间控制在 3 s 以内。

系统具有良好的可扩展性和兼容性，便于后期功能扩展和系统迁移。

4.2 系统架构、技术架构、运行环境及开发环境

4.2.1 系统架构

系统架构如图23所示。

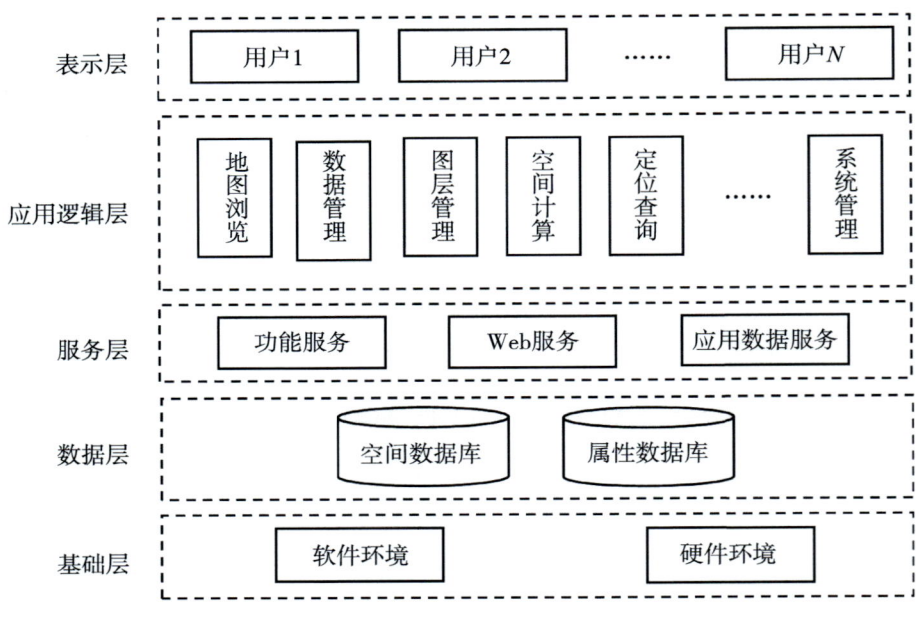

图23 系统架构

4.2.1.1 系统架构设计的目标

系统架构是系统的基础组织，是系统关键功能和非功能性需求设计的结果。架构明确了系统开发约束条件，指导后续的数据库设计和代码编写，直接影响着系统的功能实现[14]。系统架构设计的目标是：保证系统的可靠性、安全性、可扩展性、可定制化、可维护性。

（1）可靠性。即系统功能实现能力、容错能力和灾难恢复

能力强，失效、故障、错误概率低。系统的可靠性是功能实现的基本保障。

（2）安全性。软件系统面临数据截取、中断、修改、拒绝服务等安全威胁，需采取泄密保护、访问控制、分权管理、加密算法等措施，以保证系统的保密性、完整性、可用性。

（3）可扩展性。系统能够在使用强度、用户量增长的场景下，保持较高的性能，以适应用户市场的扩展；模块间采用松耦合并预留接口，新增功能模块或引入新技术时，对现有系统功能影响程度较低，系统代码改动较小。

（4）可定制化。系统的功能模块能够根据需求的变化进行灵活调整，延长系统更迭周期。

（5）可维护性。易于维护的系统可以有效地降低技术支持的成本，体现在排除故障、修改错误、功能变更等方面。

4.2.1.2　分层架构及其优势

基于以上目标，系统采用分层开发理念，将软件分成若干层，每一层具有清晰的功能，层与层之间通过接口通信。最外层支撑交互界面的操作，最内层负责与软硬件基础环境的连接，中间层部分提供各种实用程序，各层协作，实现系统功能。

本研究中，系统从底层到顶层依次分为基础层、数据层、服务层、应用逻辑层和表示层。

（1）基础层。基础层提供基本的软硬件环境，包括运算设备、存储设备、可视化系统、网络系统、安全防护设备等。

（2）数据层。数据层部署空间数据库和属性数据库，是系统的数据资源保障，提供数据存储及调度服务。利用消息队列机制，实现业务和服务之间的消息传输并提供数据的缓存服务，实现数据分层、数据共享。

（3）服务层。服务层建立在数据层之上，Web服务器和地图服务器在此层交互处理各项请求。

（4）应用逻辑层。应用逻辑层为应用系统的主体部分，包含具体的业务处理算法。本研究中，应用逻辑层实现地图浏览、数据管理、图层管理、空间计算、目标选择及信息查询、系统管理等功能。应用逻辑层建立了元数据管理规范，从而更加合理有效地实现资源的共享。

（5）表示层。表示层是系统与用户的交互部分，实现用户与应用程序之间的对话功能，重点关注系统界面的内容布局和显示样式。用户通过浏览器向Web服务器发送请求，Web服务器向数据库服务器发送访问数据库的请求，并把处理结果反馈至用户。

系统采用分层架构具有以下优势。

（1）把一个复杂的系统按运行流程进行分解，具有较强的可读性。

（2）每一层仅与相邻的上下层产生交互关系，当模块功能改变时，影响面较小。

（3）较高的复用程度。支持定义一组标准的层间接口，从而允许各层采用不同的技术方法实现各自功能，使部分开发过程可重复使用，有效提高开发效率，降低后期运行与维护的成本。

（4）使系统结构清晰、设计简化，层之间在彼此分离的同时仍保持松散的耦合关系，使系统兼容性、可扩展性强[15]。

4.2.2 技术架构

4.2.2.1 SOA架构

系统采用面向服务的技术架构（Service-Oriented Architecture，SOA）。SOA对粗粒度的、松耦合的服务组件进行分布式的部署，将各个应用作为独立的服务，每一个服务完成一个独立的业务功能，服务自治，边界清晰。SOA提供了一种灵活、可组合的方式扩展现有应用程序或构建新的应用程序，将应用分解为独立模块和服务，按需求进行组合、重用，以满足系统功能需求。

ESB（Enterprise Service Bus，企业服务总线）是SOA架构的核心，是传统中间件技术与XML、Web服务等技术结合的产物，提供信息传输、服务交互、数据库集成、协议转换、中间件连接、对象建模等服务，实现了不同服务之间的通信与整合。

SOA的主要特点有高度可复用、系统开发成本低、松散耦合、较强的伸缩性、高度的适应性、可扩展性和分步实施。

（1）高度可复用。传统技术架构的核心是组件对象管理，不同技术设计和构件之间难以直接复用。SOA采用统一、标准化的方式，通过对基于不同平台的应用接口的标准封装、服务组件之间的组装、编排和重组实现服务的高度复用。

（2）系统开发成本低。SOA可以根据既定的开放标准，直接组合现有资源而不受服务层限制，开发者可以运用多种语言实现系统功能，开发成本较低。

（3）松散耦合。SOA的单个服务在底层逻辑控制方面具有独立性，通过接口访问数据信息而不依赖于其他服务。在SOA

中，不同的应用接口提供相应的业务功能，通过服务封装实现业务逻辑、网络连接、数据调用等部分的松散耦合。

（4）较强的伸缩性。SOA依靠业务服务设计、开发和部署等所采用的架构模型实现了较强伸缩性，各服务模块可以独立延伸或收缩。

（5）高度的适应性和可扩展性。随着业务需求的不断更新、变化，各功能模块之间的服务逻辑需要快速调整，以适应新的业务。SOA在功能基础上封装各个服务并按需组合，得到更大粒度的复合服务。当内部需求变化或功能需要扩展时，不必修改业务服务接口，通过修改服务编排即可适应新的要求。

（6）分步实施。SOA支持按模块分阶段进行开发，便于协调系统开发资源。

基于本系统，面向服务架构如图24所示。

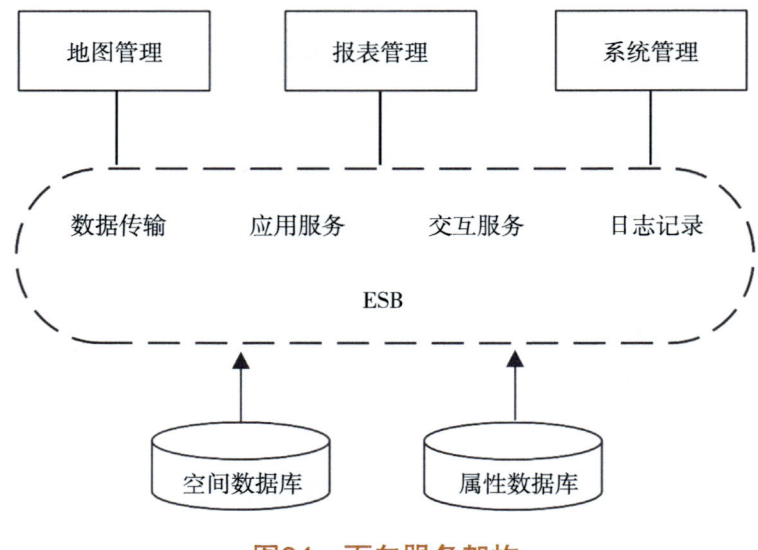

图24　面向服务架构

4.2.2.2　WebGIS技术

服务层是SOA架构的基础，本系统通过调用服务层的WebGIS服务实现系统的地图功能。

WebGIS的地理信息处理基于网络平台进行，是传统GIS系统在网络中的扩展应用[16]。WebGIS提供程序开发、系统维护、数据库管理等服务，以图形、图像等方式表现的空间数据，实现空间数据的查询、修改、运算、可视化、数据导出等功能。

WebGIS系统包括四部分，即浏览器、Web服务器、GIS代理服务器和地图服务器。浏览器用于系统与用户交互，Web服务器接收用户指令并返回结果，GIS代理服务器提供数据访问接口和传输服务，地图服务器负责空间数据库的运行和数据传输。WebGIS架构如图25所示。

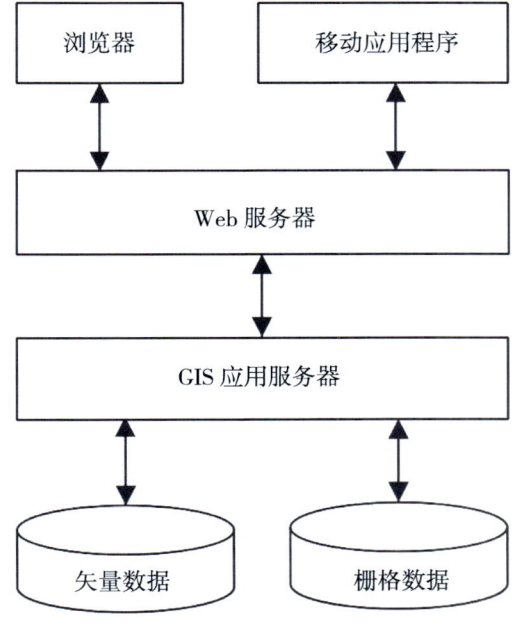

图25　WebGIS架构

WebGIS具有分布式访问、动态更新、跨平台性、可扩展性、兼容性强的优势。

（1）分布式访问。WebGIS属于分布式系统，数据和分析工具可部署在多个节点中，访问灵活。

（2）动态更新。各节点数据可以随时更新，保持系统数据的时效性。

（3）跨平台性。WebGIS依托网络即可运行，对硬件和操作系统的限制较少，可以在不同技术架构的平台中运行。

（4）可扩展性、兼容性强。WebGIS支持与Web中的其他信息服务的集成，各类网络协议、服务规范等可直接应用于WebGIS，可扩展性和兼容性较强。

4.2.3 运行环境

系统运行环境分为软件环境和硬件环境两部分。

4.2.3.1 软件环境

软件环境包括操作系统、数据库管理系统、客户端浏览器等。

（1）操作系统。服务器端采用Microsoft Windows Server 2010及以上操作系统，客户端采用Microsoft Windows7及以上操作系统。

（2）数据库管理系统。空间数据将消耗大量系统资源，数据库管理软件须具有较高的运行效率，故选用PostgreSQL数据库管理系统。PostgreSQL属关系型数据库管理系统，具有较高的运行效率和稳定性，同时提供了PostGIS扩展功能，能够较好地支持空间数据的管理。

（3）客户端浏览器。系统支持当前主流浏览器。

4.2.3.2 硬件环境

系统要求硬件环境具有高可用性和高安全性，实现7 d×24 h不间断服务，服务器CPU要求双核3.20 GHz或以上，硬盘500 G或以上，内存8 G或以上。

4.2.4 开发环境

系统采用C#语言，基于Microsoft. NET Framework 4.0进行开发；Web GIS平台采用OpenLayers4.2。

4.2.4.1 C#语言

C#是微软公司发布的一种面向对象的编程语言，提供了强大的、易用的、逻辑结构一致的程序设计环境。C#支持各类组件的构建，可以便捷地转化为XML网络服务，从而通过Internet进行调用。C#将代码作为一个整体，运用类和接口等对象时仅需获得其参数即可，而不必读取其细节，代码安全性较高。

4.2.4.2 OpenLayers

OpenLayers是一个针对Web GIS客户端开发提供的JavaScript类库，用于实现标准格式发布的地图数据访问，具有良好的兼容性。OpenLayers支持地图的漫游、放大、缩小、平移等基本功能，支持要素的选取、图层叠加等操作，支持二次开发。

4.3 系统功能设计

通过对用户需求、系统功能目标的分析，确定了系统的主要功能模块，如图26所示。

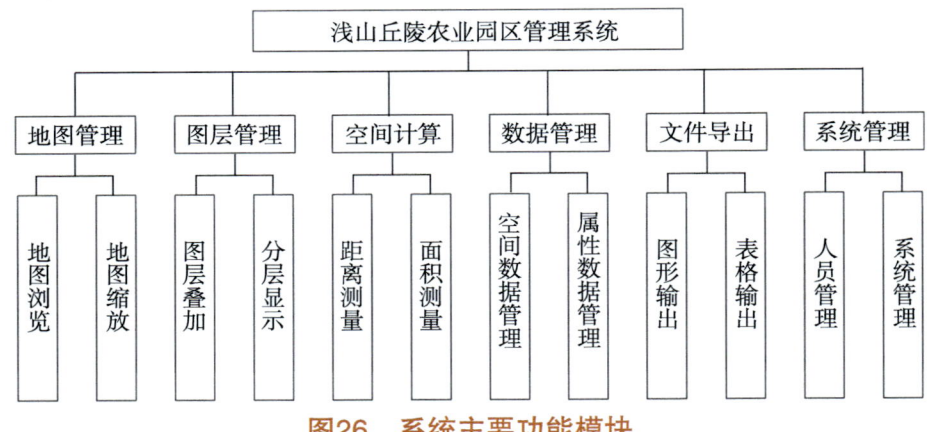

图26　系统主要功能模块

（1）系统登录。用户登录系统时填写用户名和密码验证身份，不同角色的用户仅可使用权限范围内的功能。

（2）地图操作。系统实现地图漫游、缩放、平移、全局显示、定位、缩放至图层等功能，系统支持多图层添加、删除、次序叠加等操作，便于用户查找地物之间的拓扑关系，了解影像的时序变化情况。

（3）目标定位及属性查询。系统支持输入经纬度坐标定位目标地物。选中的地物以高亮显示，对应的属性数据将在弹出窗口中显示。

（4）空间计算。系统提供长度和面积测量功能，测量地物间的距离和面状地物的面积，用户可以方便地获取水源与耕地的距离、道路长度、地块面积等信息。

（5）数据管理。农业园区管理涉及大量的田间管理数据、气象数据、土壤数据、遥感影像和栅格数据，数据将分类存储于空间数据库和属性数据库中。

系统支持各类数据的分类导入。系统提供支持用户自定义的导入模板，由用户自由设置数据项并导入数据。

（6）报表输出。以图形和图表等可视化的形式展现查询结果，由用户定义导出格式和图像分辨率等参数并导出。

（7）系统管理。系统管理员定义不同的角色和权限，可以对用户进行添加、删除和权限更改等操作。用户仅在自身权限允许范围内访问系统资源。

系统管理员负责系统维护、数据备份、数据迁移、安全检测、日志管理等工作。

4.4 系统性能

4.4.1 稳定性

系统建设充分考虑了冗余度和保护措施，建立空间数据和属性数据的备份和恢复机制，使系统拥有较强的容错能力和误操作应变能力[17]，保证系统稳定运行。

4.4.2 可扩展性

系统在设计过程中遵循国家标准和行业相关规范，并提供相应接口，可根据需要与其他系统进行交互。系统以组件的方式对功能及服务进行扩展并预留接口，将现有的功能和服务作为封闭的模块，便于维护与管理。系统开发时充分考虑了日后的升级和完善，以适应农业园区信息的更新。

4.4.3 高效性

· 最大并发数100；

- 终端程序响应时间均≤1 s；
- 数据处理时间（保存、调用）≤10 s；
- 业务处理时间≤10 s；
- 单表统计时间≤20 s；
- 采用数据压缩传输，数据交换速率≥500 kb/s；
- 系统内存占用率≤40%，CPU占用率≤30%。

4.4.4 安全性

为各级别的用户分配访问权限，拥有严密的日志管理措施，对系统环境的所有操作有详细记录。具有较强可维护性，以保证故障恢复能力和系统健壮性。采取数据热备机制，提供最大限度的数据保护能力。

数据库设计

数据库主要负责数据的存储、更新、维护和备份等，是系统开发的核心和基础。数据库设计对系统运行效率、稳定性、可扩展性有着不容忽视的影响。

5.1 数据入库前处理

由于数据来源复杂、类型多样，需对数据进行规范化处理。主要包括对空间数据的几何精度和拓扑结构检查，遥感影像镶嵌精度和完整性检查；属性数据的统计单位、数据精度检查；空间数据与属性数据的连接、对应，保证空间数据和与其关联的属性数据具有一致性。

对于空间数据，在入库之前需对其进行规范的组织与管理，赋予各类数据ID、名称、图幅号等，便于图层的分类和叠加。

5.2 数据库建立

5.2.1 数据库设计

数据库设计遵循以下一般流程。

（1）确定功能需求和设计目标。在系统的组织结构、功能划分、工作流程的基础上，明确基础数据及其处理规范，包括数据格式、数据类型、数据特征、主关键字、数据间联系、数据总量、调取频率、保密要求、约束条件、优先级等，完成对所有实体、实体属性及实体间联系的设计，确定数据库支持的应用功能、应用范围。

（2）概念结构设计。在系统需求分析的基础上，确定应用需求的信息特征，对所有数据及其处理要求进行抽象，产生便于用户理解的整体数据库概念结构，构造反映用户环境的数据及其相互联系的概念模型。概念结构设计需处理各种应用程序之间的冲突、数据库性能与稳定性之间的矛盾，力求逼近最佳平衡点。

（3）逻辑结构设计。此步骤将概念数据模型转化为数据库的逻辑模式，即适应于某种特定数据库管理系统所支持的逻辑数据模式。首先将概念结构转化为一般关系模型，再转化为PostgreSQL支持的数据模型并调整与完善，设计数据的存储形式和存取路径，如文件结构、索引设置等。

（4）物理结构设计。在逻辑结构设计和既定硬件环境的基础上，规划最优的存储结构、数据存取路径、合理的数据存储位置及存储分配方案，用于支撑数据库在物理设备上的运行。此步骤需综合考虑读写时间、存储空间和数据库维护等因素，在数据冗余和处理速度之间找到最佳的平衡点。

系统涉及的数据类型多样，数据库设计需明确多种数据对象间的相互关系，建立统一、严格的连接和访问方式。数据库设计时尽量减小数据和数据表的冗余度，降低开发难度[18]，提高运行效率，便于维护和扩展。

本研究建立了空间数据库和属性数据库。空间数据库存储矢量数据和栅格数据，如道路、果园、林地的矢量图，气温、降水、土壤养分插值栅格图以及坡度、坡向、山体阴影等栅格影像；属性数据库存储描述空间数据的元数据，如梯田的修建时间、负责人、所属管理范围、种植制度、作业任务等。空间数据和属性数据之间通过标识符连接，标识符同时存在于两个数据库中且具有唯一性，实现数据库连接后，两类数据可以相互调用。数据库建立流程如图27所示。

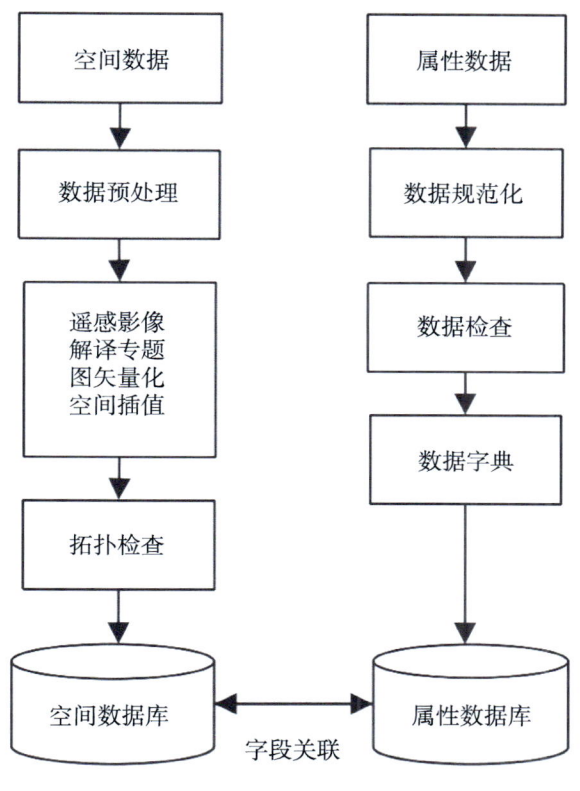

图27　数据库建立流程

5.2.2　空间数据库

空间数据库是随着GIS的发展和应用而发展起来的，是一定区域内地理要素特征数据的集合[19]，用于存储各类地物的拓扑关系和索引信息，是实体的空间排列和相互关系的抽象描述。

空间数据结构复杂，各类地物要素可能由广泛分布的多个点文件、线文件或面文件构成。为便于数据管理，本研究采用分层组织的方法。根据实体的类型,将空间数据划分为若干层,不同类型的实体分别置于不同的图层,便于数据的查询、存储和管理。在空间数据库中,根据实体类型将空间数据分为基本地理数据、土地类型数据、农业环境数据、其他数据等。

(1)基本地理数据。主要包括:园区边界、行政标注、道路等数据,记录研究区域边界、行政区划、行政区首府、各级道路等地物。

(2)土地类型数据。记录园区的土地类型,主要包括耕地(水浇地、旱地、梯田等)、各类果园、设施大棚、天然林、次生林、草地等地物。

(3)农业环境数据。包括气象、水资源、土壤养分、山体坡度、坡向、海拔等要素的空间信息。

(4)其他数据。包括村镇、厂矿企业、变电站、农业辅助设施等地物。空间数据库结构如图28所示。

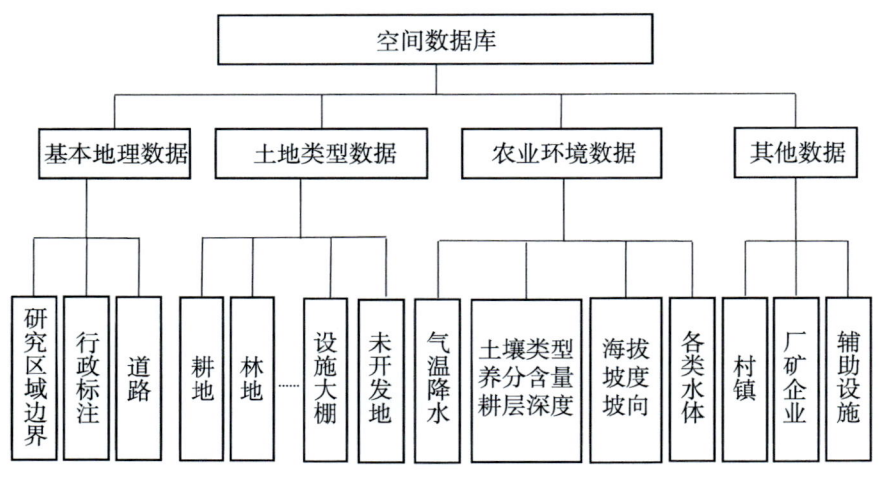

图28 空间数据库结构

部分空间数据结构表如表1、表2所示。

表1 气象空间数据结构

序号	字段	字段代码	字段类型	字段长度	精度	是否必需
1	名称	name	char	20		是
2	属性	att	char	20		是
3	海拔	alt	char	6	2	是
4	经度	lon	decimal	10	6	是
5	纬度	lat	decimal	10	6	是

表2 水体空间数据结构

序号	字段	字段代码	字段类型	字段长度	精度	是否必需
1	名称	name	char	20		是
2	属性	att	char	20		是
3	面积	area	char	10	2	是
4	周长	peri	char	10	2	否
5	海拔	alt	char	6	2	是
6	经度	lon	decimal	10	6	是
7	纬度	lat	decimal	10	6	是

部分空间数据如表3所示，因数据量较大，表中并未列出所有数据列。

表3　部分果园空间数据

ID	要素类型	名称	作物	海拔（m）	面积（hm²）
1	polygon	果园1	梨	104.88	1.61
2	polygon	果园2	梨	192.21	1.00
3	polygon	果园3	苹果	183.94	2.79
4	polygon	果园4	核桃	240.17	0.71
5	polygon	果园5	核桃	240.23	0.42
6	polygon	果园6	桃	127.06	0.25

5.2.3　属性数据库

属性数据是对空间数据的描述。它采用关系结构，可依靠空间数据在地图上定位。属性数据存放于实体属性表中，根据属性数据中各类实体及其属性间的联系和制约条件，为每个实体设计数据表的组织结构。

本研究中，属性数据主要包括耕地数据、农艺数据、土壤数据、水体数据、其他数据等类型。

（1）耕地数据。主要包括负责人、修建时间、田块类型、作物名称、种植面积等。

（2）农艺数据。包括负责人、作业名称、作业时间、完成面积等。

（3）土壤数据。主要包括土壤类型、pH值、有机质含量、各类养分含量、微量元素含量等。

（4）水体数据。主要包括修建时间、蓄水量、可覆盖的灌溉面积等。

（5）其他数据。包括园区宣传、政策法规等。

属性数据库结构如图29所示。

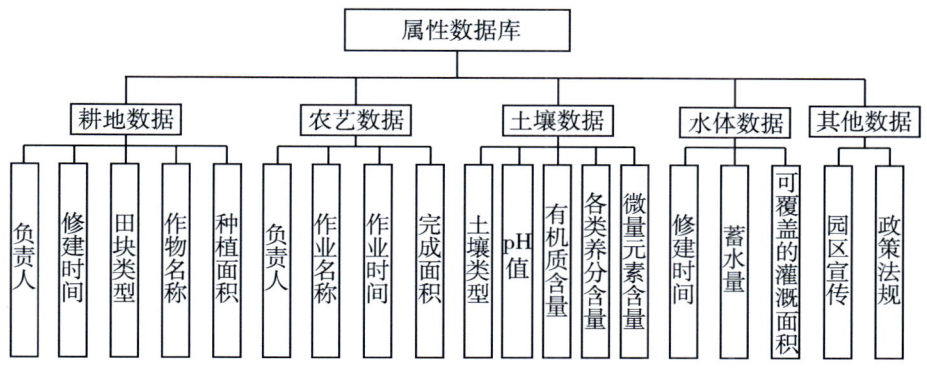

图29 属性数据库结构

部分属性数据结构如表4和表5所示。

表4 农艺属性数据结构

序号	字段	字段代码	字段类型	字段长度	精度	是否必需
1	区域名称	name	char	10		是
2	负责人	du	char	20		是
3	作业时间	tim	date	10		是
4	作业名称	dname	char	5		是
5	完成面积	darea	char	5	1	是

表5　水体属性数据结构

序号	字段	字段代码	字段类型	字段长度	精度	是否必需
1	名称	name	char	10		是
2	属性	att	char	20		是
3	蓄水量	wat	char	10	2	是
4	修建时间	tim	date	10		否
5	灌溉面积	lon	char	10	2	是

耕地的部分属性数据如表6所示，因数据量较大，表中并未列出所有数据列。

表6　部分耕地属性数据

ID	名称	面积（hm^2)	土壤类型	作物名称
1	旱地1	0.15	褐土	玉米
2	旱地2	0.21	褐土	高粱
3	园地	0.21	褐土	果树
4	苗圃	0.07	砂壤土	杨树苗
5	梯田	0.30	褐土	谷子
6	水浇地1	0.21	褐土	小麦、蔬菜
7	水浇地2	0.55	褐土	小麦

系统实现

6.1 系统界面设计

系统界面是用户与系统交互的层面，包括登录界面和系统主界面。系统主界面主要包括标题栏、工具框、图层目录面板、地图浏览窗口等。系统界面的设计方案如下。

（1）界面风格统一。采用浏览器风格，界面风格清晰一致，色彩以淡色为主；页面内元素以对齐方式排列，字体色彩设置符合主题；字符长度和间距设置合理，具有较高的可读性；菜单分类准确，深度小于三层，保证易操作性；数据列表设置统一的对齐方式，根据字段要求显示相应的数据精度。

（2）控件具有一致性。同一类型的控件具有统一的操作方式、统一的色彩设置和间距设置，便于建立应用程序逻辑流程；所有控件排列遵循从左到右，由上至下的普遍习惯。

（3）界面直观简明。采用直观的图形界面形式，信息的表达形象、准确，无须用户进行中间记忆或参考其他信息；各模块功能衔接合理、紧密，符合地图浏览和空间分析的一般流程；同一功能使用统一的语言描述，表达方式准确明了。

（4）功能区划分明确。对窗口元素进行分组，界面中部为结果展示区域，显示专题图、遥感影像或数据查询结果；界面左侧设置图层管理面板，分类展示图层；界面上部设置工具框，集成地图操作和空间计算、底图切换等功能，便于灵活调用。

（5）具有较高的灵活性。支持多种界面布局，支持图像自适应窗口大小，图层管理面板可以隐藏，使用户专注于当前业务流程；工具框支持自由移动位置，以扩展界面有效显示面积。

（6）响应时间适中。对于资源消耗较低、执行速率较高的操作，适当延长响应时间，给予用户充足的反应、理解时间；对于处理期较长的操作，在主界面显示处理进度，便于用户实时了解任务进展，避免用户重复操作。长时间的进程执行完成后，以对话框的形式提示完成信息。

（7）良好的交互性。交互及时、醒目，采用弹出文本框、警告框等形式，在用户进行不可逆操作时以醒目的方式与用户实时交互，尽量降低用户输入错误的概率。鼠标形式灵活切换，文本、树状目录、按钮分别对应光标、常规箭头、手形等形式。允许用户定制交互方式，交互过程中可采取中断和退出措施。UI设计如图30所示。

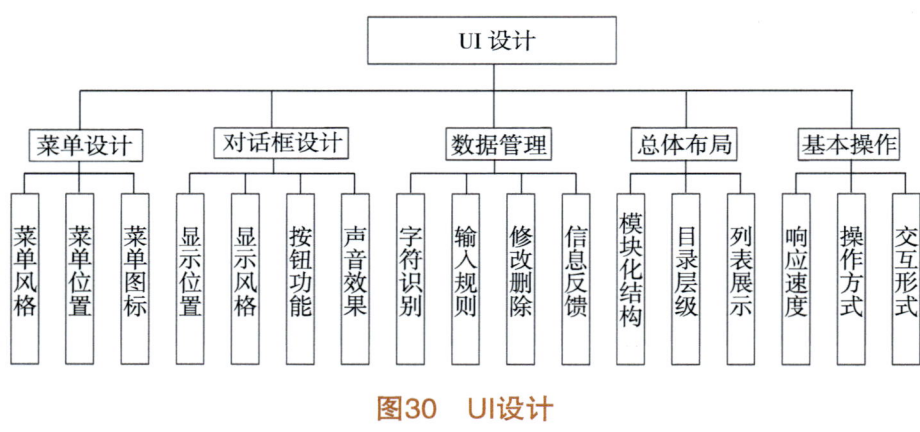

图30　UI设计

6.2　主要功能模块实现

系统的主要功能模块有地图浏览、地物定位、属性查询、图层管理、空间计算、系统管理等，使用户可以更高效地对浅山丘陵农业园区的农业资源进行集中管理和规划。

6.2.1 系统登录

用户在登录系统时需进行身份验证。用户输入登录信息，后台服务器验证成功后进入系统主界面，若登录不成功，则返回错误信息。系统登录界面如图31所示。

图31　系统登录界面

6.2.2 用户权限管理

系统定义了普通用户、高级用户、系统管理员等用户，对应不同的权限。拥有不同权限的用户在自身权限允许范围内访问系统资源。普通用户可以进行地图的浏览、数据查询、修改个人密码等操作；高级用户拥有数据导入、导出、地图的浏览、数据查询、修改个人密码、界面设置等权限；系统管理员拥有普通用户和高级用户的所有权限，可以查找、添加、删除用户、分配用户权限，对数据进行导入、导出、添加、修改、删除，查看和导出系统日志。

各类用户的权限如表7所示。

表7 用户权限

序号	权限	普通用户	高级用户	管理员
1	地图浏览	是	是	是
2	修改个人信息	是	是	是
3	数据查询	是	是	是
4	数据导入、导出	否	是	是
5	修改用户ID、密码，分配权限	否	否	是
6	数据修改、删除、备份、日志查看和导出	否	否	是

6.2.3 数据管理

数据管理功能在系统主界面中实现，如图32所示。

图32 系统主界面

6.2.3.1 地图浏览

实现地图平移和全图显示功能。在不改变地图比例尺的情况下，使用鼠标拖拉移动地图，显示目标地物；图层支持Zoom to

layer功能，适应当前界面并完整显示。

支持地图缩放。系统支持两种缩放方式。一是滑动鼠标滚轮缩放，二是点击工具框中的放大/缩小按钮并拖拉鼠标，进行缩放。

支持电子地图和遥感影像的切换，便于有针对性地选择行政区边界、地形、地物作为参照，为空间分析提供参考。

所有图层或专题图采用统一风格的图例，根据图例尺寸自适应显示界面。

6.2.3.2 目标选择及属性查询

通过点选、矩形框选或自定义多边形框选的方式选取目标地物。点选主要用于选取点状地物和面积较小的面状地物，框选用于选择面积较大或形状不规则的面状地物，支持同时选择多个对象。地物被选择以后，对应的属性数据将以列表形式显示在弹出窗口中。当目标被选中后，系统首先访问空间数据库，再根据空间信息调用属性数据库，显示查询结果。属性查询功能如图33、图34、图35所示。

图33　多边形框选

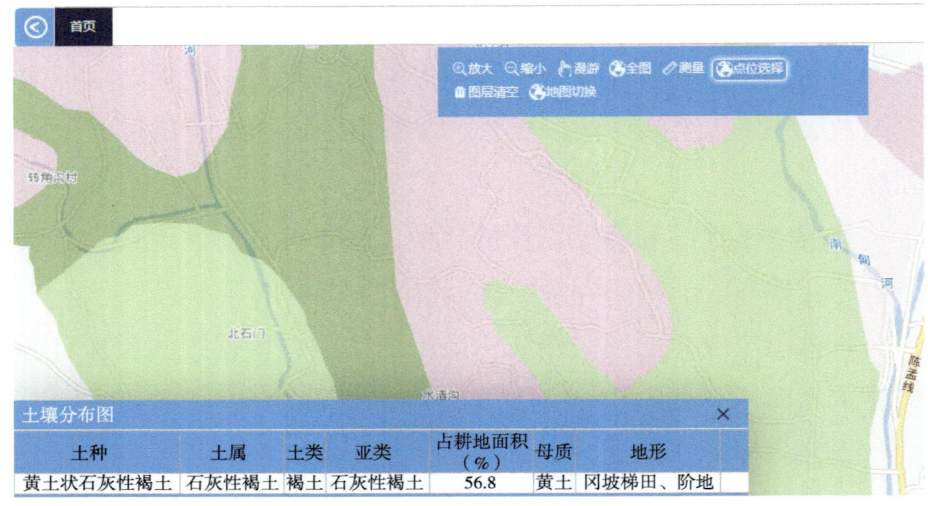

图34　土壤属性查询

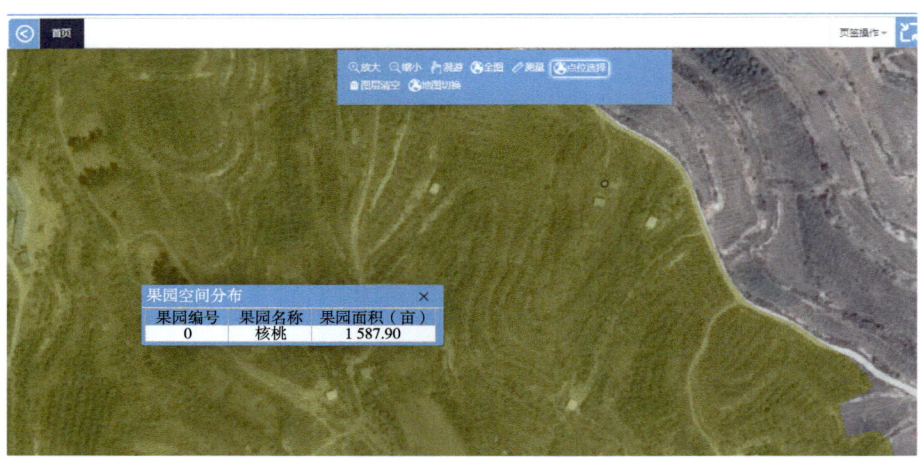

图35　果园属性查询

6.2.3.3　空间计算

包括距离测量和面积测量两个主要功能。距离测量用于测量地图上点之间的距离、线要素的长度和面要素的周长，面积测量则用于测量面要素的面积。测量线要素的长度时，测量功能支持直线测量和连续线段测量；测量面要素的面积时，采用自定义不规则多边形的方式。

（1）单一线段测量。主要用于园区内的农业设施之间、农业辅助设施与服务对象之间的距离测量。首先运用系统的地图平移和缩放功能，将目标地物以合适的比例尺显示在界面中，以鼠标左键定位起点，再移动至终点，点击即可生成表示二者距离的直线，测得的距离在测距框中显示。

（2）连续线段测量。主要用于曲线状地物的长度测量。针对浅山丘陵区的地形复杂，道路、河流弯曲较多的情况，测量时随时调整地图显示比例，选择合适的步长，累加得到曲线状地物的长度并在测距框中显示。图36所示为测量两个蓄水池之间的距离。

图36　距离测量

（3）面积测量。主要用于园区内耕地、果园等面状地物的面积测量。针对浅山丘陵区土地利用状况复杂、地块不规则的特点，采用密集的步长提高测量精度。最后一个步长需与起点重合，使测量路径闭合，即可得到地物的周长或面积。图37所示为设施大棚占地面积测量。

图37　面积测量

（4）图层管理。系统界面左侧设有图层管理树状目录，支持多个图层显示，便于图层的叠加、遮罩。系统涉及研究区域底图、气象、土壤、土地利用、地形地貌等要素，为便于分类管理，按照图层属性以目录树的形式分类显示，每个图层分类均可以用下拉形式独立展开、收回。

用户可以自主执行地图数据的添加、删除、叠加操作，通过专题图突出显示目标地物。系统支持改变图层的叠加次序和透明度，便于在不同图层选取多种参照物，对多个图层的信息开展综合分析。例如，叠加具有时序特征的气象图层，可以为气象变化趋势分析提供支持；叠加土壤养分和降水图层，可以开展作物布局适宜性分析。图层叠加功能如图38、图39、图40所示。

6.2.4 系统管理功能

系统具有用户个人信息管理和系统管理功能，系统管理员为各级角色赋予相应权限，支持对用户进行添加、删除、角色转换、权限变更等操作；用户可以自主修改个人信息、在权限内访问系统资源（图41）。

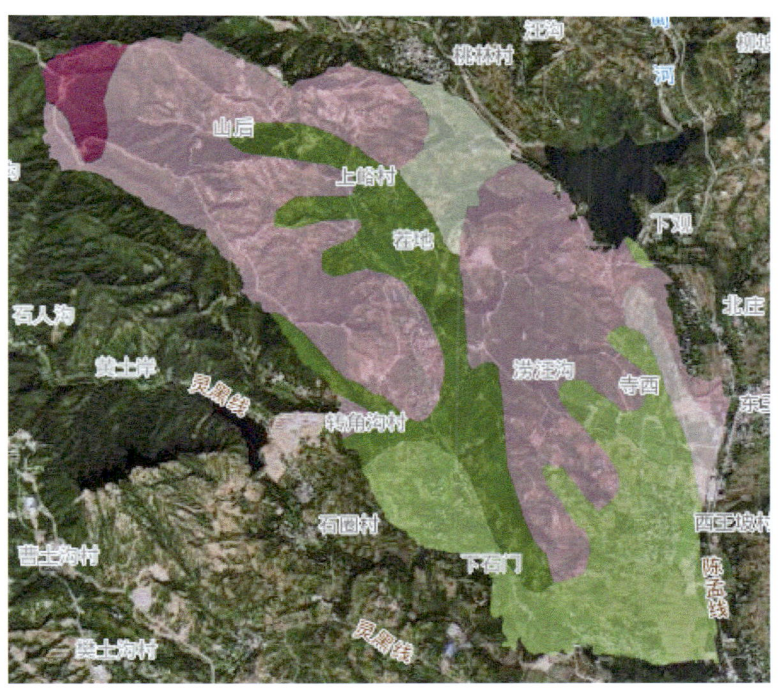

图38 土壤分布

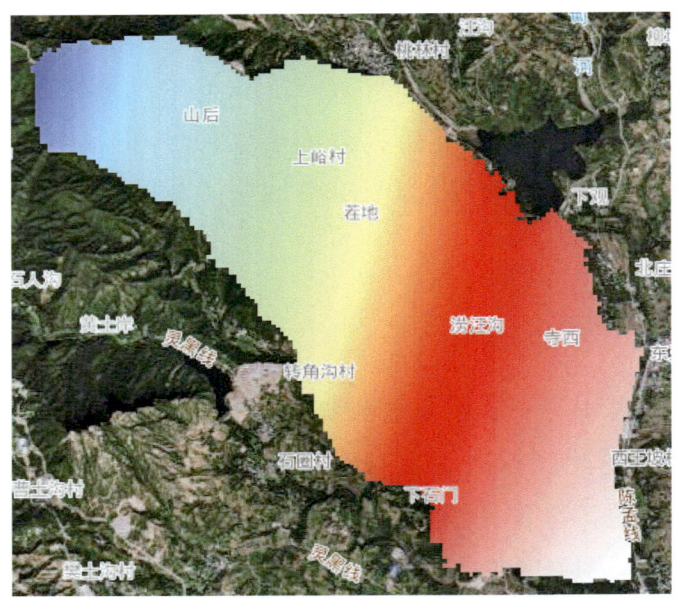

图39　某时段降水量

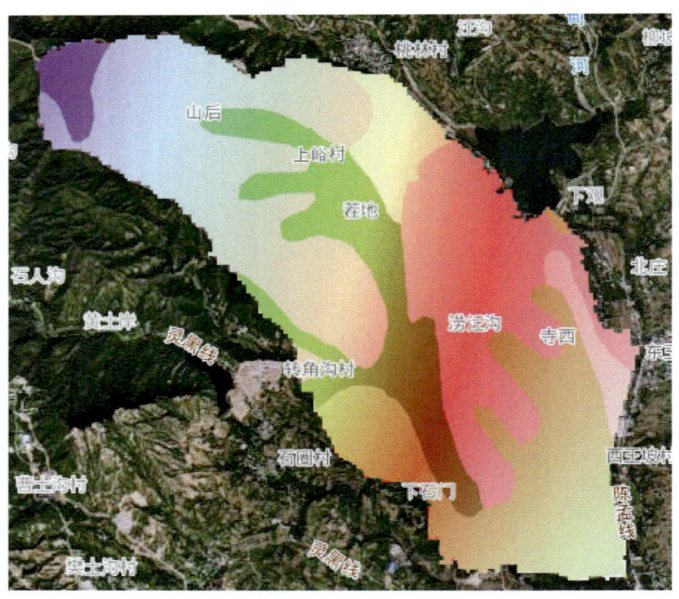

图40　土壤分布图和降水量图叠加

6　系统实现

图41　个人信息管理

系统应用

系统集成了空间数据和属性数据，可以快速获取园区中各类地物的地理位置、面积、长度数据，以及区域气象、水资源、土壤养分、海拔、坡度、坡向等数据，利用以上数据可以对浅山丘陵农业园区进行直观的管理，为作物布局、人力协调、资源分配等提供数据和技术支撑。以下为在系统数据支持下的应用示例。

7.1　园区年水面蒸发量计算

水面蒸发是水资源消耗的一大途径。经解译园区遥感影像，得出水库、塘坝、蓄水池等的水面总面积为122 534.65 m²。查阅当地气象和水文资料可得园区所在区域的水面年蒸发量为1 200 mm。园区年水面蒸发量，按公式7-1计算。

$$EC = (1/1\,000 \times EC_a \times A)/10\,000 \quad (7-1)$$

公式中，EC：园区年水面蒸发量（万m³）；

EC_a：园区年水面蒸发量（mm）；

A：园区水库、塘坝、蓄水池等水面面积（m²）。

由公式7-1可得园区年水面蒸发量为14.70万m³。

7.2　作物需水量分析

系统提供了多种果园的空间信息和属性信息，经遥感影像解译可得果园面积为166.60 hm²，灌溉面积为139.94 hm²。各类果园的面积及灌溉面积如表8所示。

表8 果园面积及灌溉面积

序号	名称	面积（hm²）	灌溉面积（hm²）
1	苹果	6.22	5.22
2	梨	9.35	7.86
3	葡萄	4.40	3.69
4	桃	11.55	9.70
5	核桃	110.71	93.00
6	樱桃	11.41	9.58

根据2016年河北省水利厅发布的标准DB 13/T 1161.1—2016，结合各类果园的灌溉定额，按公式7-2计算得到各类果园的年需水量。

$$I_a = (I_{ra} \times A_a + I_{rp} \times A_p + I_{rg} \times A_g + I_{rt} \times A_t + I_{rw} \times A_w + I_{rc} \times A_c)/10\,000 \quad (7-2)$$

公式中，I_{ra}：苹果灌溉定额（m³/hm²）；

I_{rp}：梨灌溉定额（m³/hm²）；

I_{rg}：葡萄灌溉定额（m³/hm²）；

I_{rt}：桃灌溉定额（m³/hm²）；

I_{rw}：核桃灌溉定额（m³/hm²）；

I_{rc}：樱桃灌溉定额（m³/hm²）；

A_a：苹果灌溉面积（hm²）；

A_p：梨灌溉面积（hm²）；

A_g：葡萄灌溉面积（hm²）；

A_t：桃灌溉面积（hm²）；

A_w：核桃灌溉面积（hm²）；

A_c：樱桃灌溉面积（hm^2）。

由公式7-2可得园区果园的年需水量为65.59万m^3。根据各类果园的年用水量，结合各类果园的灌溉定额，可以为果园布局和节水模式调整提供参考。各类果园的年需水量如表9所示。

表9 果园年需水量

序号	作物名称	水文年（%）	灌溉方式	灌溉定额（m^3/hm^2）	需水量（m^3）
1	苹果	50	地面微灌	1 200	3 487.90
			地面沟灌	1 800	9 835.89
		70	地面微灌	1 800	5 231.85
			地面沟灌	2 250	12 294.86
2	梨	50	地面微灌	1 500	6 559.02
			地面沟灌	2 250	18 496.45
		70	地面微灌	2 250	65.59
			地面沟灌	3 150	25 895.03
3	葡萄	50	地面微灌	1 050	2 157.82
			地面沟灌	1 500	5 795.28
		70	地面微灌	1 500	3 082.60
			地面沟灌	2 250	8 692.92
4	桃	50	地面微灌	1 200	6 477.78
			地面沟灌	1 800	18 267.34
		70	地面微灌	1 500	8 097.22
			地面沟灌	2 100	21 311.89

（续表）

序号	作物名称	水文年（%）	灌溉方式	灌溉定额（m³/hm²）	需水量（m³）
5	核桃	50	地面微灌	900	46 576.59
			地面沟灌	1 500	145 939.99
		70	地面微灌	1 200	62 102.12
			地面沟灌	2 100	204 315.99
6	樱桃	50	地面微灌	750	3 999.78
			地面沟灌	900	9 023.51

7.3　园区未来可利用土地面积分析

由遥感影像解译可得园区内已利用土地面积，包括村镇、水体、果园、设施大棚、林地、草地、耕地、其他地物面积等，其中部分果园和林地已进入老化阶段，无法提供产出效益，可列入未来"重新利用"规划。由于部分数据不宜公开，在本节中仅示范运算过程。

按公式7-3计算园区未来可利用土地面积（A_f）。

$$A_\text{f}=A_\text{a}-A_\text{em}+A_\text{re} \quad\quad (7-3)$$

公式中，A_f：未来可利用土地总面积（hm²）；

A_a：园区遥感解译总面积（hm²）；

A_em：已利用土地面积（hm²）；

A_re：重新利用土地面积（hm²）。

结合各类作物的灌溉定额，即可对园区剩余土地未来适合种植的作物种类、规模和灌溉模式作出规划。

7.4 农业基础建设

依据系统提供的园区的高程、坡度、坡向、土壤类型、降水量等信息，可以为农业基础建设提供参考。

7.4.1 造田模式

梯田建设需充分考虑土壤类型，保持原有土体结构，按照不同坡度、坡向、土质采用适宜的建造方式，确定护坡角度、护坡保护植被和构造材料。结合光照、土壤养分、灌溉条件等因素，选择适合的田面农艺布局和作物种类。依据当地长年降水情况，梯田修建时采用外高内低的模式，形成反坡梯田，降低山体滑坡的可能性。田面宽度根据坡度、作物种植方向和降水可能形成的径流量确定，充分利用山体空间。

7.4.2 蓄水排水模式

依据园区的高程、坡度、作物灌溉定额等信息，依山势和水源建设水利工程，形成复合式蓄水和给排水体系，满足提水蓄水、节水灌溉之需。反坡梯田采用内侧排水模式，在降水量较大的情况下，田间集聚的径流向沟渠和河道排水，形成互通互联的排水系统，构成良性水生态体系，解决浅山丘陵园区用水、排水难题。

结论与展望

8 结论与展望

对农业园区进行信息化管理是当前乡村振兴战略下支撑供给侧结构性改革的重要切入点[20]，是现代农业发展的必然需求。针对浅山丘陵区农业生产单元面积小且分散，数据来源不一、类型多样等特点，本书以位于浅山丘陵区的河北省葫芦峪现代农业园区为例，主要开展了以下研究。

充分运用"3S"技术，从遥感影像中提取园区的坡度、坡向、海拔、各类地物等信息；通过空间插值得到气象、土壤养分等栅格数据，提高了数据精度、数据采集和处理效率；组织空间数据与属性数据，建立了园区管理数据库，开发了基于"3S"的浅山丘陵农业园区管理系统，实现了地图浏览、图层管理、空间计算、定位查询、系统管理等功能，为浅山丘陵区农业园区的作物布局、空间规划、资源利用等提供数据和技术支撑。系统满足了现阶段园区管理的要求，但浅山丘陵区的气象状况具有阶段性和突发性，地表径流状况复杂、地表和水体蒸发受多种因素影响，本系统尚未实现浅山丘陵区水资源利用和作物布局的智能规划功能，此功能有待深入研究。

参考文献

[1] 梁中钦. 浅析平山县耕地资源的保护与利用[J]. 河北农业，2016（7）：36-37.

[2] 韩新光，丁晓东. 平山县耕地资源评价与利用[M]. 石家庄：河北人民出版社，2010.

[3] 李承绪，丁鼎治，杨思治. 河北土壤[M]. 石家庄：河北科学技术出版社，1990.

[4] 王重廉，赵振勋. 河北省第二次土壤普查数据集[Z]. 河北省土壤普查办公室，河北省土壤普查成果汇总编委会，1990.

[5] 姚祖芳，赵振勋，阎恩林，等. 河北省土壤图集[M]. 北京：农业出版社，1991.

[6] 丁鼎治. 河北土种志[M]. 石家庄：河北科学技术出版社，1992.

[7] 张兆吉，费宇红. 华北平原地下水可持续利用图集[M]. 北京：中国地图出版社，2009.

[8] 侯春堂，刘晓瑞. 华北平原水土地质环境图集[M]. 北京：地质出版社，2010.

[9] 周立三. 中国农业地理[M]. 北京：科学出版社，2000.

[10] 孙显，付琨，王宏琦. 高分辨率遥感图像理解[M]. 北京：

科学出版社，2011.

[11] 张东辉，赵英俊.高光谱遥感在农林渔业领域的理论与实践[M].北京：中国环境出版集团，2021.

[12] 杨树文，董玉森，詹云军，等.遥感数字图像处理与分析——ENVI5.x实验教程[M].北京：电子工业出版社，2019.

[13] 吴秀芹，张洪岩，李瑞改，等.ArcGIS9地理信息系统应用与实践（下册）[M].北京：清华大学出版社，2007.

[14] 郑天民.系统架构设计[M].北京：人民邮电出版社，2017.

[15] 魏圆圆，王雪，王儒敬，等.基于Web GIS的农场生产管理信息系统的设计与实现[J].农业工程学报，2018，34（16）：139-147.

[16] 王越.基于WebGIS的河北省铁路地理信息数据管理系统设计与实现[D].石家庄：石家庄铁道大学，2016.

[17] 包正义.基于GIS的草牧业空间信息管理系统设计与实现——以呼伦贝尔垦区为例[D].呼和浩特：内蒙古师范大学，2017.

[18] 袁琳.基于移动GIS的农情信息采集系统设计及实现[D].武汉：湖北大学，2017.

[19] 肖广江，刘序，甘阳英，等.基于GIS的区域农业规划空间数据库构建与应用[J].广东农业科学，2016，43（4）：151-155.

[20] 王元胜，李瑜玲，吴华瑞，等.农业园区全景GIS数字化系统设计与应用[J].农业工程学报，2018，34（11）：143-149.

附录　关于发展现代农业园区，加强农业信息化建设的文件

"立足县域布局特色农产品产地初加工和精深加工，建设现代农业产业园、农业产业强镇、优势特色产业集群。推进公益性农产品市场和农产品流通骨干网络建设。开发休闲农业和乡村旅游精品线路，完善配套设施。推进农村一二三产业融合发展示范园和科技示范园区建设。把农业现代化示范区作为推进农业现代化的重要抓手，围绕提高农业产业体系、生产体系、经营体系现代化水平，建立指标体系，加强资源整合、政策集成，以县（市、区）为单位开展创建，到2025年创建500个左右示范区，形成梯次推进农业现代化的格局。"

——《中共中央　国务院关于全面推进乡村振兴加快农业农村现代化的意见》，2021.1

"搭建乡村引才聚才平台。加强现代农业产业园、农业科技园区、农村创业创新园区等平台建设，支持入园企业、科研院所等建设科研创新平台，完善科技成果转化、人才奖补等政策，引进高层次人才和急需紧缺专业人才。"

——《关于加快推进乡村人才振兴的意见》，2021.2

"组织装备创制，建设一批农产品加工技术集成科研基地，培育一批中国农业食品创新产业园区，发展一批农业高新技术产业，集成创制先进适用的加工新技术新装备。"

"将现有农业产业融合项目和农产品仓储保鲜冷链设施建设与农业全产业链有机衔接，打造'一村一品'示范村，建设一批农业产业强镇、现代农业产业园、优势特色产业集群。"

——《农业农村部关于加快农业全产业链培育发展的指导意见》，2021.5

"加快建设现代农业产业园和产业强镇。印发推进现代农业产业园建设的意见，梯次开展省、市、县产业园建设。创建和认定一批国家现代农业产业园，引导各地加强政策创新，推动资金、人才、技术等现代要素向园区集中。"

——《2020年农业农村重点工作部署的实施意见》，2020.2

"鼓励有条件的新型农业经营主体和服务主体参与实施高标准农田建设、农技推广、现代农业产业园等涉农项目。农机购置补贴等政策加大对新型经营主体和服务主体的支持力度。"

——《新型农业经营主体和服务主体高质量发展规划（2020—2022年）》，2020.3

附录　关于发展现代农业园区，加强农业信息化建设的文件

"加快完善土地、资金、人才等要素支撑的政策措施，确保各项政策可落地、可操作、可见效。完善财政扶持政策，采取'以奖代补、先建后补'等方式，支持现代农业产业园、农业产业强镇、优势特色产业集群及农产品仓储保鲜冷链设施建设。"

——《全国乡村产业发展规划（2020—2025年）》，2020.3

"2020年年底，培育形成100个农业物联网集成应用典型，农业物联网等信息技术应用比例达到18%以上；到2022年，规模化设施种植、畜禽和水产养殖智能化应用比例达到60%以上，生产效率明显提高；到2025年，打造形成100个规模化、网络化、智能化、精细化的现代"种养加"生态农业展示、创新、应用示范区，国家和省级现代农业园区智能化应用率达到100%，实现产业融合发展、数据互联互通、服务高效便捷的智慧农业发展目标。"

——《河北省智慧农业示范建设专项行动计划（2020—2025年）》，2020.6

"做好村庄规划工作，以国土空间规划编制为契机，把村庄规划纳入全省规划体系，坚持'多规合一'，制定技术标准和建筑导则，科学确定村庄形态和布局，于2020年6月底前基本完成村庄规划编制。开展乡村全域土地综合整治试点，重点支持28个省级乡村振兴示范区创建，同步推进现代农业园区、农村新型社

区、乡村生态功能区建设，示范引领全省乡村振兴战略实施。"

"大力发展质量农业。对照国际先进标准，无标建标、有标提标，完善特色优势农产品标准体系，特色农产品优势区、现代农业园区、规模农业经营主体实现标准化生产全覆盖，全省农业标准化覆盖率提高6个百分点、达到70%。重点依托特色农产品优势区、现代农业园区，全面推行绿色有机标准化生产和全程质量控制模式，着力打造30个特色农业精品示范基地，建设200个国际标准农产品生产示范基地和600个冬奥会农产品供应备选基地。"

——《河北省委、省政府关于抓好"三农"领域重点工作确保如期实现全面小康的实施意见》，2020.2

"加快突破农业关键核心技术。强化创新驱动发展，实施农业关键核心技术攻关行动，培育一批农业战略科技创新力量，推动生物种业、重型农机、智慧农业、绿色投入品等领域自主创新。建设农业领域国家重点实验室等科技创新平台基地，打造产学研深度融合平台，加强国家现代农业产业技术体系、科技创新联盟、产业创新中心、高新技术产业示范区、科技园区等建设。强化企业技术创新主体地位，培育农业科技创新型企业，支持符合条件的企业牵头实施技术创新项目。继续组织实施水稻、小麦、玉米、大豆和畜禽良种联合攻关，加快选育和推广优质草种。支持薄弱环节适用农机研发，促进农机装备产业转型升级，加快推进农业机械化。加强农业领域知识产权创造与应用。加快先进实用技术集成创新与推广应用。建立健全农业科研成果产权

附录　关于发展现代农业园区，加强农业信息化建设的文件

制度，赋予科研人员科技成果所有权，完善人才评价和流动保障机制，落实兼职兼薪、成果权益分配政策。"

"培育农业产业化龙头企业和联合体，推进现代农业产业园、农村产业融合发展示范园、农业产业强镇建设。"

——《中共中央　国务院关于坚持农业农村优先发展做好"三农"工作的若干意见》，2019.1

"推广农业绿色生产方式。建立农业投入品电子追溯监管体系，推动化肥农药减量使用。加大农村物联网建设力度，实时监测土地墒情，促进农田节水。建设现代设施农业园区，发展绿色农业。"

——《数字乡村发展战略纲要》，2019.5

"打造产业融合载体。立足县域资源禀赋，突出主导产业，建设一批现代农业产业园和农业产业强镇，创建一批农村产业融合发展示范园，形成多主体参与、多要素聚集、多业态发展格局。"

——《国务院关于促进乡村产业振兴的指导意见》，2019.6

"加快创建扶贫产业园。进一步加强扶贫产业园申报、认定和管理，将贫困地区符合条件的现代农业园区、加工业园区、易

地扶贫搬迁安置配套产业园区、家庭农场、特色产业基地等纳入扶贫产业园范围，支持有条件的贫困县创建一二三产业融合的扶贫产业园，扩大覆盖范围，增强联贫带贫能力。"

——《河北省产业扶贫2019年工作要点》，2019.4

"统筹建设产业扶贫园区。把产业园区作为易地扶贫搬迁产业发展的重要载体，按照产业发展规划在园区结合、经营主体在园区聚合、生产要素在园区整合、三次产业在园区融合的思路，打造一批现代农业园区、商贸物流园区、旅游示范景区、特色产业生产加工基地。

加快培育特色主导产业。立足当地资源禀赋、区位条件，重点选择1~2个市场收益相对稳定、获益周期较短的特色产业，加快配套产业园区建设发展，增强辐射带动能力。"

——《石家庄市关于加强易地扶贫搬迁产业
发展的指导意见》，2019.5

"提升农业园区活力和扶贫带动力。围绕'做强做精主导产业、培育壮大经营主体、强化利益联结机制、促进全产业链发展'聚焦发力，创建科技高端、标准高端、品质高端、品牌高端的市级以上精品现代农业园区14家。支持有条件贫困县创建一二三产业融合的扶贫产业园，建立'园区+新型经营主体+基地+贫困户'生产经营模式，带动贫困户增收致富。"

"完善利益联结机制。探索推广订单帮扶、股份合作、园区带动、生产托管、资产收益等带贫模式。完成贫困县所辖行政村的农村集体产权制度改革，通过盘活集体资源、入股或参股、量化资产收益等渠道增加集体收入。采取引进与培育相结合的方式，培强一批好的、提升一批中的、扶持一批弱的扶贫带贫新型经营主体，推动实现贫困村新型经营主体带动全覆盖。"

——《石家庄市2019年农业产业扶贫工作要点》，2019.5

"实施质量兴农战略。制定和实施国家质量兴农战略规划，建立健全质量兴农评价体系、政策体系、工作体系和考核体系。深入推进农业绿色化、优质化、特色化、品牌化，调整优化农业生产力布局，推动农业由增产导向转向提质导向。推进特色农产品优势区创建，建设现代农业产业园、农业科技园。"

——《中共中央 国务院关于实施乡村振兴战略的意见》，2018.2

"未来三年，河北省将着力建设'一区一带百园'科技农业创新高地。'一区'即在雄安新区建设农业创新基地。'一带'即充分发挥雄安新区农业创新基地辐射作用，加快建设环首都现代农业科技示范带；到2020年，建设50个京津冀农业协同创新平台。'百园'即选择200家现代农业产业园区和130家农业科技园区承接创新成果。"

——《河北省农业供给侧结构性改革三年行动计划（2018—2020年）》，2017.12

"充分发挥现代农业园区在推进农业供给侧结构性改革、培育农业农村经济发展新动能、促进农民增收的引领作用，聚焦做大做强主导产业，聚合新型经营主体，聚集现代生产要素，聚力建设现代农业产业集群，真正把园区打造成'生产+加工+科技'全产业链发展的新高地。省级现代农业园区主导产业产值占园区总产值50%以上，园区农民可支配收入高于当地平均水平30%以上。到2020年，所有省级园区全部建成生产功能突出、产业特色鲜明、要素高度聚集、设施装备先进、生产方式绿色、经济效益显著、辐射带动有力的现代农业园区。"

——《关于加快省级现代农业园区提档升级的意见》，2018.8

"促进农业全产业链融合。开展农村一二三产业融合发展推进行动，建设一批现代农业产业园和农村产业融合发展先导区，促进农产品加工就地就近转化增值。强化产地市场体系建设，加快建设布局合理、分工明确、优势互补的全国性、区域性和田头三级产地市场体系。加快完善农村物流基础设施网络，创新农产品流通方式，推进电子商务进农村综合示范，大力发展农产品电子商务。建设一批美丽休闲乡村、乡村民宿等精品线路和农村创新创业园区，培育农村新产业新业态。"

——《国家质量兴农战略规划（2018—2022年）》，2019.2

"支持推进现代农业产业技术体系、科技创新联盟、协同创新中心等平台建设，充分发挥现代农业产业园、农业科技园区、返乡创业园的科技支撑引领作用，提高农业机械化科技创新能力，加强产学研推用联合攻关，推动品种栽培装备等多学科、产前产中产后各环节协同联动，加快主要农作物生产全程机械化技术集成与示范。实施主要农作物生产全程机械化推进行动，率先在粮食生产功能区、重要农产品生产保护区、特色农产品优势区、国家现代农业示范区创建一批整体推进示范县（场），引导有条件的省份、市县和垦区整建制率先基本实现主要农作物生产全程机械化。"

——《国务院关于加快推进农业机械化和农机装备产业转型升级的指导意见》，2018.12

"总结推广省内全国农业农村信息化示范基地和物联网应用典型的经验做法，制定《河北省农业物联网区域试验工程实施方案》，依托现代农业示范园（区）、农业科技园区和国有农牧场，开展农业物联网应用示范，建立大田种植、设施园艺、畜禽养殖、水产养殖物联网示范基地，在环京津蔬菜大县推广网络化环境监测系统。"

——《河北省农业农村信息化发展"十三五"规划》，2017.2

"建设现代农业产业园。以规模化种养基地为基础，依托农业产业化龙头企业带动，聚集现代生产要素，建设'生产+加工+科技'的现代农业产业园，发挥技术集成、产业融合、创业平台、核心辐射等功能作用。科学制定产业园规划，统筹布局生产、加工、物流、研发、示范、服务等功能板块。鼓励地方统筹使用高标准农田建设、农业综合开发、现代农业生产发展等相关项目资金，集中建设产业园基础设施和配套服务体系。吸引龙头企业和科研机构建设运营产业园，发展设施农业、精准农业、精深加工、现代营销，带动新型农业经营主体和农户专业化、标准化、集约化生产，推动农业全环节升级、全链条增值。鼓励农户和返乡下乡人员通过订单农业、股份合作、入园创业就业等多种方式，参与建设，分享收益。"

——《关于深入推进农业供给侧结构性改革加快培育农业农村发展新动能的若干意见》，2016.12

"积极发展现代农业园区。依托贫困山区综合开发和绿化美化，充分利用区域自然风光、自然景观和民风民俗，将荒山治理、生态改善、产业培育、扶贫增收等有机结合，深度开发农业的生态、生活功能，指导贫困县每县建设1～2个万亩以上集生态旅游、农事体验、餐饮娱乐等于一体的现代农业园区。积极探索

附录　关于发展现代农业园区，加强农业信息化建设的文件

'公司+合作社+农户+园区'，规模化开发、园区式建设、循环式利用、产业式扶贫等运行模式，提升农业园区辐射带动能力，促进贫困县农业增效农民增收。"

——《石家庄市农业局　特色农业产业扶贫计划（2016—2020年）》，2016.12

"开展农业可持续发展示范创建。开展绿色畜牧业、健康水产、种养结合、农业可持续发展示范创建，探索适合不同区域的农业可持续发展管理与运行机制，形成可复制、可推广的农业可持续发展典型模式。到2020年，全省创建畜牧业绿色发展示范县10个，水产健康养殖示范县5个，种养结合生态循环绿色农牧业试点2个，农业可持续发展示范县30个、示范园区200个，因地制宜、循序渐进地扩大示范推广范围，稳步推进农业可持续发展。"

——《河北省农业可持续发展规划（2016—2030年）》，2016.7

"推进现代农业园区建设。按照'生产要素集聚、科技装备先进、管理体制科学、经营机制完善、带动效应明显'的总要求，高起点谋划、高科技引领、高标准建设，着力打造200个左右万亩以上的一二三产融合、产加销游一体、产业链条完整的省级现代农业园区，带动市县建设现代农业园区1 000个，基本形成高端设施农业规模化、区域化发展格局。以现代农业园区建设为

平台，聚集资金、项目、科技和人才等要素，引导农户依法采取转包、出租、互换、转让、订单等形式流转承包土地的经营权，采取入股、托管等形式与龙头企业、合作社开展合作，发展多种形式的适度规模经营。以现代农业园区为平台，推进农产品加工业和特色种养业、农村生产性服务业统筹衔接、紧密联结、复合发展，加快一二三产业融合，让农民更多分享二三产业延伸收益。把农业园区和农村社区统一规划、统一建设，把园区的村庄建成美丽乡村、建成新型农村社区，使之成为全省现代农业产业融合的试验区，在全省农业现代化进程中发挥示范引领作用。"

——《河北省现代农业发展"十三五"规划》，2016.5

"发展多类型产业融合方式。延伸农业产业链，积极鼓励家庭农场、农民合作社等主体向生产性服务业、农产品加工流通和休闲农业延伸；积极支持企业前延后伸建设标准化原料生产基地、发展精深加工、物流配送和市场营销体系，探索推广'龙头企业+合作社+基地+农户'的组织模式。引导产业集聚发展，创建现代农业示范区、农业产业化示范基地和农产品加工产业园区，培育产业集群，完善配套服务体系。"

——《全国农产品加工业与农村一二三产业融合发展规划（2016—2020年）》，2016.11

"大力推进'互联网+'现代农业，应用物联网、云计算、

附录 关于发展现代农业园区，加强农业信息化建设的文件

大数据、移动互联等现代信息技术，推动农业全产业链改造升级。大力发展智慧气象和农业遥感技术应用。深化农业科技体制改革，完善成果转化激励机制，制定促进协同创新的人才流动政策。加强农业知识产权保护，严厉打击侵权行为。深入开展粮食绿色高产高效创建。健全适应现代农业发展要求的农业科技推广体系，对基层农技推广公益性与经营性服务机构提供精准支持，引导高等学校、科研院所开展农技服务。推行科技特派员制度，鼓励支持科技特派员深入一线创新创业。发挥农村专业技术协会的作用。鼓励发展农业高新技术企业。深化国家现代农业示范区、国家农业科技园区建设。"

——《中共中央 国务院关于落实发展新理念加快农业现代化实现全面小康目标的若干意见》，2015.12